童世骏讲演录

当代中国的精神挑战

童世骏 著

上海人民出版社

序　言

　　本书的内容，多多少少与我最近十来年当中所承接的两个"重大课题攻关项目"有关，一个是关于当代中国人精神生活的，[1]一个是关于当代中国发展模式的。[2]回过头来看，这两个课题大致对应于梁漱溟先生在接受其传记作者艾恺访谈时所说的"占据了我的头脑"的那两个问题——"人生问题"和"中国问题"，[3]也大致呼应了我对冯契先生之所以把"中国向何处去"看做一个哲学问题曾做过的那个解释：问"中国向何处去"，很大程度上就是问"中国人向何处去"[4]两位先生告别我们已有两三个十年；在"中国向何处去"越来越影响"世界向何处去"的今天，中国人该如何回答自己的人生问题，是当代中国所面对的最大的精神挑战，也是我们作为当代中国学人应该付出最大努力去攻关克难的"重大课题"。[5]

　　本书的主体是讲演稿，主要是面对非专业听众所做的公共演讲，也有少量面对专业听众而做的学术发言，再加上几篇访谈和对话。

这些文字的共同特点，是它们最初不是以书面文字的形式发表，而是以口头表达的形式发表的。从 1985 年开始的教学经历告诉我，面对实际在场的听众表达自己的思考，与面对想象的读者表述自己的研究，有很大的区别。在实际在场的听者面前，讲者直接就能感受自己的话语效果；话题是否引起兴趣，观点是否形成共鸣，论证是否具有说服力，立场是否具有感召力，讲者立刻就能有所感知和了解。这种感知和了解即使不对讲者的发言质量造成实时影响，也多半会对"讲者"走下讲台或退出对话以后作为"思者"和"写者"的工作，产生独特刺激。一场特别成功的讲演和一场特别失败的讲演，都能让具有适量敏感性和自尊心的学者产生刻骨铭心的感觉，甚至使他们的学术生涯发生方向性的转变。讲演的意义除了可以作这种"思想史"角度的理解以外，或许也可以从"哲学史"的角度加以考察：中国人倾向于把"理性"理解为"讲理"，德语中与"理性"对应的 Vernunft 一词有"倾听"的意思；"讲理"或"说理"和"听理"之间到底是什么关系，或许也可以通过对演讲现场或对话现场中讲者与听者的这种"主体间关系"的分析，做一番研究。

本书各篇都曾分别在报刊发表过，个别还曾收入其他小册子，收入本书时我补全了被删内容，并增加了引文注释，特此说明。对曾以不同方式对书内各篇文字的形成有过帮助的老师、朋友、同事和学生，在此也表示衷心感谢。

童世骏

2017 年 4 月 3 日于松江小屋

注　释

［1］其最终成果是由我主编的《当代中国人的精神生活》一书（"教育部哲学社会科学重大课题攻关项目"丛书之一，经济科学出版社 2009 年版）

［2］这个课题后来因为我于 2011 年 7 月从上海社会科学院回到华东师范大学任职，而改由潘世伟教授主持，在方松华等同事的共同努力下，该课题的最终成果《中国模式研究》已由上海社会科学院出版社于 2016 年 11 月出版。

［3］《这个世界会好吗——梁漱溟晚年口述》，艾恺采访，梁漱溟口述，一耽学堂整理，东方出版中心 2006 年版，第 32 页。

［4］童世骏：《作为哲学问题的"中国向何处去"——理解冯契哲学思想的一个视角》，《华东师范大学学报》（双月刊）2016 年第 3 期。

［5］很大程度上作为前两个课题的延续，我和华东师大相关学科同事们又承接了另一个国家社科基金重大课题"现阶段我国社会大众精神文化生活调查研究"，即将完成。

目　录

同胞情谊的哲学反思 *

5 月 12 日的四川大地震已经夺去了 69 122 人的生命，已经有 17 991 人失踪，373 606 人受伤。统计数据精确到个位数，以一种特殊的方式告诉我们，震灾中受苦受难的每一个人，每一条生命，都是我们的骨肉同胞，都与我们血脉相连。

一、同胞情谊是一种伟大的道德情感

确实，大地震一下子让我们意识到，九百六十万平方公里上的五十六个民族、十三亿人民，是那么情同手足。用血肉之躯守护孩子的不仅有他们的母亲，而且有他们的老师；在余震声中冒着生命

* 本文是作者于 2008 年 6 月 3 日在浦东新区作的《东方讲坛》报告，刊于《解放日报》2008 年 6 月 8 日。

危险奔赴现场的不仅有我们的领导人和子弟兵，而且有无数的志愿者、普通人。企业家、文艺明星、"八零后"青年，平时招议颇多的这些人群，短短几天内就以自己忘我的奉献赢得了万众赞誉。不在地震现场的人们，那些在取款机和献血站前排起长队的人们，那些在电视机或电脑屏幕前眼泪汪汪长久守望的人们，心中也回荡着同一个呼唤："今天我们都是汶川人！"

大灾之后的同胞情谊，确凿地证明了这样一个道理：道德情感是一种无比伟大的力量。大灾激起的刻骨铭心之痛，与我们有时因耳闻目睹有些罪恶而自动产生的毛骨悚然之感一样，超越了我们头脑的冷静推理和仔细计算。正因为这种超越，道德情感既使我们因为同胞遭受苦难泪如泉涌，也使我们不顾环境险恶挺身而出。套用17世纪法国思想家帕斯卡尔的话来说，人不仅是一棵有思想的苇草，而且是一棵有情谊的苇草。[1]暴戾的大自然面前如此柔弱的这棵苇草，不仅因为有思想，而且因为有情谊，才显得那么挺拔和高贵。房垮石砸之下，人的血肉之身是如此不堪一击；但只要一息尚存，平时普普通通的人们，却会义无反顾地奉献出自己的一切，甚至生命。

这样伟大的道德情感，如此崇高的同胞情谊，有什么好反思的呢？！

确实，当我说今天的讲演题目是"同胞情谊的哲学反思"的时候，我的一位同事就有些疑惑地看着我。我知道，"反思"这个词现在往往与"反省"甚至"思过"连在一起。但我现在并不是在这个意义上使用这个词。对同胞情谊,我今天要做一番解释和发挥。也就是说,我今天所说的"同胞情谊的哲学反思",是用一些哲学的概念和知识,来对同胞情谊作一番辩护、扩展和提升。

二、对同胞情谊的普遍主义辩护

有人问:同胞情谊有什么好辩护的呢?难道还有人会怀疑同胞情谊不成?四川震灾发生后举国动员,全民救灾,非但国内一片赞誉,国际社会也给予高度评价。同胞情谊有什么必要进行辩护呢?

确实,我们一般不会、也不应该对同胞情谊的正当性进行怀疑。但是,现代社会与传统社会的一个重要区别在于,凡事都只有问了一个"为什么",人们心里才感到踏实。即使你不来问,别人早晚也会来问。果然,5月21日《纽约时报》上发表的一篇文章,就涉及了这样一个"为什么"。[2]

写这篇文章的是一位在清华大学任教的北美学者。作者写道,汶川大地震以后,他在课堂上讲到这样一种理论,认为政府有责任优先考虑共同体当中境遇最差的人们的利益。问题是,这里所说的"共同体"的范围有多大?根据一种理解,这里所说的"共同体"是指国家;根据另一种理解,这里所说的"共同体"是指全世界。根据前一种理解，当然应首先帮助四川灾区。但如果根据后一种理解，情况就不同了。在四川大地震之前不久，缅甸因飓风引发巨大洪灾，死亡人数更多，在十万以上。这位北美老师问班上同学："中国是否应该帮助缅甸飓风的受害者，哪怕这意味着对本国救灾少一些帮助？"

听了这个问题，全班出乎意料地鸦雀无声。过了好长时间，才有同学站起来回答问题，但很快下课铃就响了。原本很礼貌的同学们，这次在下课时却没有为老师鼓掌。显然，同学们对老师在这种时刻提出这样的问题感到不满，同时也有些郁闷：心里觉得当然要优先帮助自己同胞，但理论上却发现不那么理直气壮。根据他们学到的有些理论，似乎该对所有人们一视同仁才对。

据报道，为支援缅甸灾民，中国政府前后几次共捐助了一亿多元人民币。民间有多少捐款，我没有看到报道。在各国当中，中国政府捐助缅甸灾区的数目可能是最多的，但与四川震灾以后，中央政府和各地政府倾全力救助，社会各界捐了三四百亿元，当然有很大不同。网上有人说政府在这种时候不应该给别人捐那么多，有人却说中国还应该捐得更多一些。因此，如何理解同胞情谊，同胞情谊究竟在什么意义上是正当的，并不是一点问题也没有的。不做一番解释和辩护，我们很难完全心安理得。

我要为同胞情谊做的第一个辩护，是我们在四川震灾之后所看到的那种情谊，已经在很大程度上是一种公义，而不只是一种私情了。现代社会最有影响的道德理论是普遍主义理论，它主张普天之下人人平等，人人具有同等的权利和同样的尊严。那位北美老师提到的也就是这样一种理论。根据这种理论，我们必须对所有人一视同仁，而不能把特殊的私情置于普遍的公义之上。我们在前面说过，震灾发生时，用血肉之躯守护孩子的不仅有他们的母亲，而且有他们的老师；在余震声中冒着生命危险奔赴现场的不仅有我们的领导人和子弟兵，而且有无数的普通人、志愿者。那些在 5 月 12 日以后高呼"今天我们都是汶川人！"的人们，大多数原先并不知道中国有一个叫做汶川的地方。这样一种同胞情谊，已经是一种符合普遍主义原则的道德情感了。

我想为同胞情谊做的第二个辩护，依据的是一种伦理学上叫做"道德分工论"的观点。根据这种观点，我们每个人都有两种角色，一个是公的角色，一个是私的角色。作为公民，我们要关心他人、关心社会；但作为父母我们要爱护孩子，作为子女我们要关心父母。为了让我们同时能履行好这两种角色，我们成立政府，通过纳税、服兵役等来支持政府，让政府代我们去关心别人，而我们自己则心安理得、专心致志地管自己家的事情。邻居失业了我很遗憾，但却不必因为无法把自己的岗位和福利让给他而深感内疚，因为我知道政府会管他的事情。这样，在个人与政府之间就有一种"道德分工"。

除了个人与政府之间的这种"道德分工"之外，还有一种道德分工是不同的共同体之间的。共同体的大小是相对的。最大的共同体是全人类；在这个最大共同体之中，有地区、国家、省份、区县、单位甚至家庭等等范围较小的共同体。在当今世界，对人们生活影响最大的仍然是国家。尽管全球经济很大程度上已经一体化，信息交流也早已经不知道什么是国界了，但国家作为"主权者"，作为一种在它之上没有更高权威的政治力量，它所代表的文化和人民仍然是界定我们的归属感的最重要的参照系。在这种情况下，不仅每个国家内部，有一种个人与政府之间的道德分工，而且在不同国家之间，也有一种道德分工，根据这种分工，各国人民及其政府对自己同胞负有优先照顾的特殊义务。重要的是，这种分工是一种对于全世界所有人都更加有利的制度安排。在资源有限的情况下，如果每个人都被认为应该对世界上任何地方发生的灾难、饥荒提供同样的帮助，那么这种帮助的投入一定很乱，效率一定很低，效果一定很差。因此，就有必要在不同国家之间建立一种道德分工；有了这种分工，假如我们不得不在"帮助自己同胞"还是"帮助其他国家人民"之间进行选择，我们是可以比较心安理得地选择帮助自己同胞的。用邓小平同志的话来说，"一切决定于我们自己的事情干得好不好"。[3] 从道德心理学的角度来看，对自己同胞所负的特殊责任不仅责任明确，而且发自肺腑；如果每个国家的人们都首先尽心尽力地帮助自己的同胞，我们的世界就会比现在美好得多。

我要为同胞情谊所作的第三个辩护，是强调这样一个事实，即同胞情谊中包含的上面所说的那种普遍主义因素，是可以作进一步发挥的。同胞情谊之所以值得辩护，是因为蕴藏于其中的普遍主义成分，包含着让我们做进一步扩展和提升的广阔空间和重要潜力。下面对这一点作比较深入的讨论。

三、对同胞情谊的范围扩展

对同胞情谊，我们可以在内、外两个方向上进行范围扩展。

向外方向上扩展同胞情谊，是指我们可以把自己所认同的那个共同体的边界向外扩展，一直扩展到全人类。前面提到，当我们在全国范围内说"同胞情谊"的时候，我们已经把"共同体"的边界扩展到许多较小共同体之外了。这个扩展并不是我们单纯的想象，而是以几千年的集体记忆作为基础的。按照费孝通先生的说法，中华民族是"多元一体"，[4]是各地区各民族的交流和融合的结果。这次遭受震灾最严重的北川，是我国唯一的羌族自治县。在饱经风霜、屡遭磨难的中华历史上，包括汉族和羌族在内的五十六个兄弟民族命运与共、休戚相关，终于形成了一个拥有十几亿人口的"我们"。同时，各地区各大洲之间的交往也贯穿着人类文明历史；进入近代以后，资本主义生产方式打破民族国家的壁垒，现代技术超越各种文化的界限，全球经济和全球风险又使各国人民越来越深切地体会到"只有一个地球",各国人民越来越融合进同一个"命运共同体"之中。正是在这种情况下,我们不仅要关心自己的国家和同胞,也要关心别国人民的困难和全球范围的问题。我们一方面仍要把对自己国内同胞的特殊义务放在首位,另一方面则要力所能及地帮助别人,就像这些天来那么多国际友人赶来援助我们一样。其实,其他国家的人们,从全球共同体的角度来说,与中国人民也同属一个"我们"。尤其是在目前的世界上,各个国家之间的"道德分工"还不完善,有些国家内部的特殊义务关系还没有完全落实;在这种情况下,我们一方面要为建立更加合理的国际秩序而努力,另一方面要向那些孤立无助的别国人民伸出援助之手。邓小平同志在1981 年为英国培格曼出版社即将出版的《邓小平副主席文集》写的序言中说:"我是中国人民的儿子,我深情地爱着我的祖国和人民。"在这句大家很熟悉的话前面,还有一句值得我们深思的话:"我荣幸地以中华民族一员的资格,而成为世界公民。"[5] 向外的方向扩展同胞情谊,就是要以"中华民族一员"的资格,尽一个"世界公民"的责任。在国内发扬我们的同胞情谊,是学会做一个好的国家公民;而成为一个好的国家公民,既是学会做一个好的世界公民的重要途径(如孟子所说,"老吾老,以及人之老;幼吾幼,以及人之幼"[6]),也是真正做好一个世界公民的必要条件(把自己的事情办得越好,帮助别人的能力也就越强)。

向内方向上扩展同胞情谊,是说我们在为千里之外的四川同胞、羌族弟兄奉献爱心的同时，也要把同样的精神体现在关爱我们身边的同事、邻居、市民和外地同胞之上。大自然的肆虐激起了我们对灾区同胞的强烈认同，也应该提醒我们注意，我们身边许多平时熟视无睹的人们，其实一直是需要我们伸手帮助的兄弟，是值得我们笑脸相视的姐妹。作家铁凝曾经写过一篇小说叫《谁能让我害羞》，讲了一个在城里打工的农村少年与一位城市家庭女主人之间发生的故事。[7]送水的打工少年渴望得到尊重，但那位家境不错的城市少妇却非常冷漠，以至于有一次，打工少年因为电梯坏了中途休息了三次才把水桶扛到八层，当他累得猫着腰捂住肚子要求喝点水的时候，那女主人却像往常一样把手指向洗碗池上的水龙头。但这次，少年不愿意了；在坚持要喝送来的矿泉水而得不到同意的情况下，他打开了随身带来的一把折刀……那少妇用一把手枪式点火器吓住了少年。少年被抓住后，警察问他"你是否感到害羞？"他回答说是的，说他为自己被一支假枪吓到感到害羞，为自己没有一支真枪而感到害羞。其实，我想，真正应该害羞的是那个女主人，是我们当中同她一样对身边同胞不关心不尊重的许多人。

四、对同胞情谊的境界提升

这里的"境界"两个字我们平时经常用，它同时也是一个哲学术语，已故中国哲学家冯友兰先生有一个著名的"人生境界说"，我想在这里借用一下。

冯友兰说，人与其他动物的不同，就在于人做某事的时候，他了解他在做什么，并且自觉地在做。他把这叫做"觉解"，就是"自觉"和"理解"的意思。人生意义就是从觉解而来的。人做各种事情有各种意义，各种意义构成一个整体，就构成他的人生境界。在冯友兰看来，人生从低到高有四个境界：自然境界、功利境界、道德境界和天地境界。人生的最高境界是"天地境界"；在这个境界里，一个人既不像"自然境界"中那样浑浑噩噩，也不像"功利境界"中那样斤斤计较，也不像"道德境界"中的人那样只是为尽社会义务而兢兢业业，而是在意识到自己是社会组织的公民的同时，还意识到自己还是孟子所说的"天民"，在履行"人道"的同时也遵守着"天理"。天地境界中的人，因此是人生意义最丰富、最崇高的人。[8]

在这四个境界中，我们今天所讲的同胞情谊当然属于"道德境界"的层次。但同时我也要说，同胞情谊还可以向上提高到"天地境界"，使它不仅告诉我们什么是行为规范，而且告诉我们什么是生活意义。

"生活意义"这个词哲学色彩很浓，但震灾之后，这个词在网络、报纸上却频频出现。大灾之下，生命的脆弱提示了生命的珍贵；拯救他人生命的紧迫性展现出自己生命的新意义。许多哲学家都说过，最重要的哲学问题莫过于对于生死的态度问题。5 月 12 日以后，无数人一下子都成了哲学家，很快都更加清楚地持有了或反省着对生命和死亡的态度。短短几秒钟的山崩地裂，充实了多少人苦恼于无法用灯红酒绿、轻歌曼舞来填补的内心世界。记得电视剧《士兵突击》播放期间，许多年轻人说看了以后自己的心灵被主人公许三多的"不抛弃、不放弃"的精神深深打动，说由此窥见了生活的真谛。这次出现在电视屏幕上的，不是虚构故事，而是无数个劫后余生、舍己救人的真实场面。同胞情谊使我们分担着同胞骨肉的苦难，也使我们体验到人生意义的升华。那么多男女老少为素不相识的人们的苦难而悲痛、而奉献、而牺牲，中华文化和人类天性中原来有着如此美好的一面，凡俗的生活因此而闪耀出灵性的光芒。

现代传媒技术让我们几乎亲眼目睹同胞们在废墟下的死亡和挣扎，让我们不在现场的人也几乎亲身经历了生死关头的大悲与大喜。但这个时候我们要提醒自己，非常时刻激发出来的同情，尤其是面对他人苦难而体现的爱心，强度虽高，持久却难。法国 18 世纪思想家卢梭曾经说过："有哪一个人看见别人遭受苦难而不同情的呢？如果从心愿上说，谁不想把他从苦难中解救出来呢？"[9] 因此，真正要让大灾激起的大爱升华我们的生活意义，提高我们的人生境界，我们还需要把这种情谊落实到我们的平常实践之中。也就是说，同胞情谊不仅要向上提升为"天地境界"，而且要向下落实于日常生活。

5月12日以后经历了刻骨铭心的同胞之爱的我们，要提醒自己，灾民的困难并不限于我们感同身受的这几天、这几月甚至这几年；而且，需要我们帮助的不只是那些在媒体上得到生动报道的地区和人们。据报道，根据我国目前的贫困线，我国目前有4 000万人还没有解决温饱问题。国务院扶贫办最近公布了扶贫标准调整方案，准备把贫困线从现在的年收入1 067元提高到1 300元。如果这个方案得到国务院认可，全国贫困人口的统计数将增加到8 000万。这8 000万人没有出现在电视画面上，没有以血淋淋的画面搅得我们良心不安。但我们如果真有同胞情谊，就不应该忽略这个抽象数字背后的一个个母亲、一个个孩子。

这次救灾活动当中，来自全国各地甚至全世界各地的志愿者，引起了人们的广泛注意。同时我们也看到，救灾的主力毕竟是国家，是国家统帅的人民军队和各级政府。除了人员伤亡以外，地震造成了数千亿元人民币的经济损失，但规模空前的社会捐款，也只募集到相当于治理地质灾害所需要的400多亿元。那么大的缺口，只有依靠国家的力量。国家救灾能力的一个重要方面是国家在特定时刻的动员能力，这是我们在这些日子里亲眼目睹的。决定国家救灾能力的另一个因素是国家的经济实力，尤其是国家的税收能力。因此，对于收入较高的公民来说，体现同胞情谊的不仅是救灾期间的捐款，而且是今后长时期的工作业绩和税款缴纳。这几天我们都捐了一些钱，同时我们也要提醒自己，我们在平常时刻每一次有意无意的漏缴税款，实际上都是在削弱国家的救灾能力。从去年开始，我国实行年收入 12 万元以上者自行纳税申报，但据说，在去年，到 3 月 1 日为止，全国只有近 40 万年收入 12 万元以上的人们办理了自行纳税申报，而税务机关掌握的数字，则是全国年收入达到和超过这个水平的人数大约是 2 000 多万。今年的情况如何我不清楚，但我相信，至少我希望，明年的个人纳税情况会好一些、好许多。

抗震救灾期间，许多人都感慨自己的价值观发生了变化。在同胞的苦难和死亡面前，我们平时看重的许多东西如金钱、地位都微不足道了，而平时淡忘的许多东西如亲情、平安，却显得那么珍贵。大灾之后继续发扬同胞情谊，我们要把我们在这几天所获得的有关价值之大小、事体之轻重的体会，落实到日常的私人生活和公共生活之中。公交乘客为了比别人早上车一分钟甚至一秒钟，就不遵守排队上车的规则，就不顾对人要有礼貌的要求；出国旅游在自助餐厅浪费食物、在候机大厅大声喧哗、在闹市中心随地吐痰；一些很好、很重要的制度安排，往往因为当事人感觉不方便、不舒服而形同虚设、束之高阁……所有这些我们已经司空见惯的现象，都是为了一时的痛快、虚荣等微不足道的好处，却可以说在个人尊严、集体荣誉甚至民族前途方面付出了沉重代价。5 月 12 日以后，我们应该经常自我提醒和相互提醒，不要再这样轻重颠倒、因小失大了。

四川震灾像一个课堂，同胞情谊像一册书本。在这个悲壮的课堂中，我们阅读的是一本用自己的热血写成的大书。仔细阅读这本大书，真正读懂这本大书，我们每个人就会更加成熟，我们的国家和世界也会变得更有温情。

注　释

［1］帕斯卡尔（Blaise Pascal，1623—1662）在《思想录》中说："人只不过是一根苇草，是自然界最脆弱的东西；但他是一根能思想的苇草。用不着整个宇宙都拿起武器来才能毁灭他；一口气、一滴水就足以致他死命了。然而，纵使宇宙毁灭了他，人却仍然要比致他于死命的东西更高贵得多；因为他知道自己要死亡，以及宇宙对他所具有的优势，而宇宙对此却是一无所知。"《思想录》，何兆武译，商务印书馆1985年版，第157—158页。

［2］Daniel A. Bell："China's Class Divide"，*New York Times*，May 21，2008.

［3］邓小平：《目前的形势和任务》(1980年1月16日)，《邓小平文选》第2卷，人民出版社1994年版，第239—241页。

［4］费孝通：《中华民族的多元一体格局》，《费孝通文集》第11卷，群言出版社1999年版，第381—419页。

［5］《邓小平年谱》(一九七五——一九九七)(下)，中共中央文献研究室编，中央文献出版社2004年版，第714页。

［6］《孟子·梁惠王章句上》。

［7］铁凝：《谁能让我害羞》，新世界出版社2002年版，第1—17页。

［8］冯友兰：《新原人》，载冯友兰：《贞元六书》(下)，华东师范大学出版社1996年版。

［9］［法］卢梭：《爱弥儿：论教育》上册，李平沤译，商务印书馆1996年版，第303页。

当代中国的精神挑战 *

　　最近几年来，"精神生活"，以及与此接近的诸如"精神世界"、"精神家园"、"心灵"、"灵魂"、"人文精神"、"文化自觉"等等说法，频频出现在我国的报刊论著和大众传媒之中。一百年前，谈论精神生活的中国人多半是想用古老东方的"精神文明"抵御现代西方的"物质文明"；百年之后，已经踏进小康社会门槛的中国人发现，我们自己的精神生活也面临着重重挑战。

一、现代社会的精神挑战

　　当今中国的精神挑战，首先是因为当今中国已经处在一个"现

---

* 本文为作者于 2009 年 4 月 19 日在凤凰卫视《世纪大讲堂》的讲演稿，刊于《文汇报》2009 年 5 月 28 日。

代"社会，承受着现代社会普遍具有的精神压力。

现代社会在精神领域的根本特点，可以借用毛泽东的一句话来说明。毛泽东说："共产党员对任何事情都要问一个为什么"。[1] 实际上，典型意义上的现代人，凡事也都要问一个为什么。人们以前一般不问"为什么要有道德?"因为即使问这个问题，答案也是近在眼前的：因为上帝或上天要我们有道德的。但对于"凡事都要问一个为什么"的现代人来说，这个答案并不令人满意，因为他还会进一步问："为什么上帝或上天让我们有道德?"甚至，"为什么你会相信有上帝或上天?"

因此，借用王国维的用语，在现代社会，神学和形上学即使还有"可爱性"的话，它们的"可信性"也岌岌可危，甚至荡然无存了。[2] 社会现代化的这种精神效应，马克思称之为"一切神圣的东西都被亵渎了"[3]，尼采概括为"上帝死了"[4]，霍克海默尔则从中引出一个更为明显的可怕结论："从理性当中，不可能引出反对谋杀的根本性论据。"[5]

神圣东西的非神圣化过程，学者们称之为"世俗化"过程。在西方，世俗化过程对精神生活的最大影响，就是虚无主义成了现代社会的流行病。美国社会学家丹尼尔·贝尔在出版于 1976 年的《资本主义文化矛盾》一书的开头，谈到了有关虚无主义的两种看法。一种看法是尼采的，他认为由于理性主义和精打细算，由于"摧毁自己的过去，控制自己的将来"的现代心理，虚无主义将不可避免地降临于世，并最终使欧洲文明走向灾难。[6]另一种看法是比尼采稍晚的英国作家约瑟夫·康拉德的，他恰恰把尼采为了克服虚无主义而诉诸的强力意志，或"一种要打倒所有传统习俗的文化冲动力"[7]，看作是虚无主义的根源，其最极端、现在也是最出名的实践表现，就是超越善恶、不计利害的恐怖活动。贝尔说他不赞成把虚无主义看作是现代性条件下人类无可避免的厄运，但强调要严重关注并切实应对这个可怕威胁。

二、现代精神挑战的中国特色

贝尔以及尼采、康拉德和韦伯等人所描述的西方的精神危机，是在西方传统文化背景之下发生的现代事件。西方传统文化的源头，就像中国传统文化的源头一样，都在德国哲学家雅斯贝斯所说的所谓"轴心时期"。[8]公元前六百年前后在不同地区几乎同时产生的各大文明的一个共同特点，是它们都突破性地实现了理想世界与现实世界的二重化，肯定了理想世界对于现实世界的超越性。

但是，同为"超越"，不同"轴心文明"有不同的超越方式。简单地说，西方的基督教文化的特点是"外在超越"，中国的儒家，甚至也包括释道两家，则以"内在超越"作为特点，两者的区别可以用冯契先生的一段话来说明："西方的宗教是把人世与天国，此岸与彼岸截然对立起来，以为人类终极关怀的问题就在于如何超脱这短暂的污浊的尘世来达到永恒的圣洁的天国，终极关怀的目标在彼岸、在天国。中国的儒家、道家都否认在人世的彼岸的天国，他们不把此岸与彼岸割裂开来。"[9]

"外在超越"和"内在超越"这两种文化在前现代社会以不同方式支撑西方和中国的精神世界；在现代社会，它们同样遭遇理性主义和功利主义的强大冲击，但冲击的后果有重要的区别。概括地说，与"外在超越"传统相比，"内在超越"传统不容易在启蒙的时代、在世俗化的时代，因"上帝之死"而引发极度的悲观和绝望，因为在"内在超越"传统中，上帝的存在本来就不是一根非要不可的精神支柱。中国人相信人性与天道相通，相信只要通过自我修养回复本性或成就德性，就可以上达天道，天人合一。中国传统文化确实比西方传统文化更信赖人的自觉性、自主性，但真正实现这种自觉性和自主性的，毕竟是少数；中国人确实不容易像西方人那样会因为"上帝之死"而失魂落魄，悲观绝望，但很可能那正是因为对许多中国人来说，虚无主义本来就已经潜伏在其精神世界之中。虚无主义在中国和西方都是现代性的精神效应，但西方的虚无主义是急性的，而中国的虚无主义则可能是慢性的；西方的虚无主义往往是执著的，而中国的虚无主义则往往是随便的——中国的虚无主义者往往对虚无主义也持虚无主义、可有可无的态度。

这类人格，鲁迅称之为"做戏的虚无党"[10]，说他们"畏神明，而又烧纸钱作贿赂，佩服豪杰，却不肯为他作牺牲。崇孔的名儒，一面拜佛，信甲的战士，明天信丁"[11]。遗憾的是，大半个世纪过去了，鲁迅严厉斥责的这种形象，在当今中国社会仍为人熟悉。更为严重的是，我们甚至还看到有一种虚无党人，他们有时候是连戏都不屑于做的，所谓"我是流氓我怕谁"[12]。"做戏的虚无党"不仅不道德，而且不真诚；在"做戏的虚无党"面前，"不屑于做戏的虚无党"往往会有一种道德优越感：我虽然不道德，但毕竟还"真诚"；我虽然不承认其他价值，但我还承认"真诚"这个价值；你是"伪君子"，一"虚伪"，就把"君子"给"虚伪"没了；我是"真小人"，虽然是小人，但还有一个"真"字留着。思考当今中国的精神生活，对这种现象应高度重视。

三、市场经济的文化矛盾

对当今中国的精神生活，已经颇具规模的市场经济也提出了许多难题。这里指的主要还不是市场经济改革以来中国社会出现的种种违法乱纪的丑恶现象。这些现象确实不少，但严格地来说，这些现象与市场经济并没有必然联系。假如我们划清经济行为和非经济行为的界限，假如我们为经济行为制定严格的规范，假如我们对违法乱纪现象不仅严惩不贷，而且防微杜渐，那么，没有这些丑恶现象的社会主义市场经济，并非没有可能。但重要的是，市场经济当中的有些因素，其本身谈不上低俗和腐朽，但也对高质量精神生活提出了严峻挑战。谈论"当代中国的精神生活"，这些现象更加值得关注。

首先，是刺激消费和避免消费主义之间的矛盾。在市场经济的条件下，消费不仅是生产的目的，而且是生产的前提。刺激消费、扩大需求已经成为当前经济发展的当务之急。市场经济不仅提出了对消费的需要，而且创造了刺激消费的信用工具："从前，人必须靠着存钱才可购买。可信用卡让人当场立即兑现自己的欲求。"[13] 丹尼尔·贝尔称分期付款制度和信用消费方式是"造成新教伦理最严重伤害的武器"[14]。如果说新教伦理是资本主义经济发展的精神动力的话，吃苦耐劳的民族传统和艰苦奋斗的革命传统，则理应是社会主义经济发展的精神资源。但现在，市场经济对消费的完全合理的要求，却可能引出完全不合理的结果，可能使人们沉溺享乐、不思进取，甚至使全社会寅吃卯粮、入不敷出。曾经连续数十年支撑了经济景气的这种消费主义文化，在最近一段时期全球金融危机和经济衰退中，被许多人指责为罪魁祸首之一。其间的教训，值得我们深刻思考。

其次，是提倡创新精神和避免非理性主义的"唯新主义"之间的矛盾。现代市场经济的舞台上，具有创新精神的企业家无疑是主角，但提倡创新精神，也有走向唯"新"是好的浮躁心态的危险。

构成完整意义上的"企业家精神"的，不仅有开拓魄力、创新冲动和浪漫想象，而且有事功精神、理性能力和规则意识。但企业家精神的这后一方面，在西方遭到了与企业家精神同根同源但在"寻觅新奇、再造自然"的方向上走到极端的现代主义艺术的蔑视，在中国则缺乏严格的逻辑思维和实证的科学方法的文化支撑。改革前期创业有成的中国企业家，许多在后来却纷纷落马，其间原因固然相当复杂，但他们往往还没有形成现代企业家应具备的那种创新精神与理性精神之间的"必要的张力"，应该也是一个重要原因。

第三，扩大精神生活空间与避免巫术迷信泛滥之间的矛盾。即使在以市场经济为基础的非神圣化的现代社会，人们多半也如鲁迅所说的"总有一种理想，一种希望"[15]，总要在一个超越自己的更大整体中寻求意义、获取安慰。在"风险社会"，在危机时期，这种精神需求会显得尤其急迫。贝尔把美国社会克服资本主义文化矛盾的希望寄托于宗教的复兴，认为在种种危机面前，在道德危机、信仰危机、经济危机、生态危机等等面前，人们会意识到人类的局限性，会意识到有必要施行种种限制，施行对发展的限制、对环境污染的限制、对军备的限制、对生物界横加干预的限制，以及对"那些超出道德规范、同魔鬼拥抱并误认为这也属'创造'的文化开发活动"[16]的限制，而宗教意识的一个重要部分，就是这种有关"限制"的意识。但贝尔很清楚，宗教信仰是"不可能通过行政命令的手段产生的"[17]。贝尔没有强调宗教的社会作用的复杂性，这是他的一个不足；但他富有洞见地指出："宗教是不能制造的。人为制造的宗教更加糟糕，它虚伪浮夸，极易被下一轮时尚冲散消灭。"[18] 在以"内在超越"、天人合一为主要文化传统的中国，对宗教的作用尤其只能给予有限的期待；对人为制造的宗教的危害，还应该有足够的警惕。随着经济发展水平日益提高，其他文化传统中主要由宗教来满足的那种精神需求，在我国不仅同样存在着，而且在民众那里有明显增长，在政府一面也逐渐给予重视。在这种情况下，如何使国家的公共意识形态与公民的个人精神追求协调起来，如何在扩大精神生活空间的同时避免巫术迷信的泛滥，是一个值得关注的问题。巫术迷信一方面许诺一个几乎能满足所有人间欲望的彼岸世界，另一方面又设计一些轻便廉价的超度手段。在有些贪官恶徒眼中，神灵菩萨甚至蜕变成了贿赂对象；本应具有神圣内涵的宗教仪式，却成了花小钱发大财避厄运的人间骗术。我们谈论今日中国的精神生活，对这种现象切切不可忽视。

四、民族复兴的精神内涵

讲精神生活的现代困境，讲现代精神危机的中国特点，讲市场经济的文化矛盾，并不是对当代中国的精神生活悲观绝望。事实上，自从改革开放以来，打破束缚思想的精神枷锁、尊重人民群众的幸福追求、激发中华儿女的爱国激情、重振社会主义的理想信念，是推动三十年发展的强大精神动力；吃苦耐劳、坚韧不拔的传统美德，勤学好思、居安思危的古老智慧，加上大胆尝试、勇敢闯关的现代意识，是成就三十年发展的宝贵精神品质。

在这种精神动力和精神品质的基础上取得重大进步的中国社会，又反过来给中国人的精神生活，带来不少积极影响。

精神生活的基础是精神需求。从 20 世纪 90 年代初开始，人们在谈论"生活标准"的同时，开始越来越多地谈论"生活质量"。与生活标准相比，生活质量的衡量中，主观指标、文化指标起更重要的作用，因而很大程度上把追求和体验生活意义的精神需求，放在了一个重要位置。

就精神需求的满足资源而言，物质资料和闲暇时间这两个对于真正意义的精神生活来说必不可少的资源，现在都得到很大改善。

就精神需求的满足方式而言，市场经济这个把有效满足各种消费需求作为主导原则的经济形态，对精神生活并非只有消极的意义。在当代社会，资本与消费需求的关系具有两重性：资本既诱导和控制消费需求，也追随和迎合消费需求。当前中国的"国学热"、"于丹现象"，很大程度上是图书市场、教育市场对消费者需求的迎合。因此，重要的不仅是消极地提防和抵制资本的诱惑和控制，而且是积极地利用资本对消费需求的追随和迎合。对于拥有高尚的精神需求的消费者，尤其是对于从前被排除在高雅精神生活之外的普通大众来说，市场经济未必不能成为一种满足其需求的高效手段。

当然，重要的不仅是精神需求受到重视并得到满足，而且是精神需求本身有足够的"精神含量"和"精神品质"。真正意义上的"精神生活"，并不局限于喜怒哀乐之类的"心理生活"，甚至也不仅仅是读书唱歌之类的"文化生活"，而更体现为信仰敬畏之类的"心灵生活"，也就是古人所说的"慎终追远"，[19]或西人所说的"终极关怀"。[20]

这种意义上的"心灵生活"常常被人等同于"宗教生活"。如前所说，在当代中国，选择宗教作为其精神生活的主要方式的人为数不少。但我们也应该看到，在经历了"亵渎神灵"的现代化进程的洗礼之后，宗教生活对许多人来说未必还能够是心灵生活的合适形式；对于以"内在超越"为主要传统的中国人来说，提升精神生活的主要形式，更多的可能还在宗教之外。中国古人很早就不把精神安慰寄托在上帝存在和灵魂不死等宗教信仰之上，而把"立德、立功、立言"[21]这样的世俗追求作为获得永生不朽的现实途径。在今人当中，类似说法也可以找到不少，如李大钊说："人生本务，在随实在之进行，为后人造大功德，供永远的'我'享受，扩张，传袭，至无穷极，以达'宇宙'即我，我即宇宙'之究竟。"[22]鲁迅说："无穷的远方，无数的人们，都和我有关。"[23]胡适说："我这个现在的'小我'，对于那永远不朽的'大我'的无穷过去，须负重大的责任，对于那永远不朽的'大我'的无穷未来，也须负重大的责任。"[24]雷锋说："人的生命是有限的，可是为人民服务是无限的，我要把有限的生命投入到无限的为人民服务之中去。"[25]从文化背景、社会地位、政治倾向来说，这些人有很大差别，但他们说的都是有限的人生经历与无限的人生意义之间的关系，都是在谈论非宗教意义上的"超越"的可能性，也就是在谈论非宗教意义上的充实而高尚的精神生活的可能性。

有人会说，就超凡入圣尤其是惩恶扬善的作用而言，上述意义上的"超越"并不像传统宗教的神灵菩萨那么直观有效。但我们可以用司马迁对孔夫子这个超越理想的追求，来说明世俗意义上的超越性的可能性和有效性。司马迁用"高山仰止，景行行止"来形容他心目中的夫子形象，接着他说，对这个理想，他"虽不能至，然心向往之"。[26]司马迁虽然承认孔子对他来说是一个"不能至"的超越理想，但他并没有因此而放弃这个理想，相反，他仍然"心向往之"。这"心向往之"的对象远在一个理想世界，但"向往"之此"心"、此心之"向往"，却是实实在在存在于、发生于我们这个经验世界中的。司马迁对这个不可至的理想的向往并没有使他成为孔夫子，但这种向往使他成了司马迁，成了忍辱负重、究济通变，成一家之言、留万世杰作的太史公。一个超越的理想能起到如此实在的作用，就并不是一个虚幻的东西。一个有这样的精神传统的民族，应该有希望不仅实现物质生活的根本改善，而且实现精神生活的伟大复兴。

说到底，当代中国的精神生活主要是一个实践问题，而不是一个理论问题。前面提到过，在现代的非神圣化的文化背景下，"为什么要道德"居然也会成为一个问题。同样道理，"为什么要有高尚而充实的精神生活"，为什么"立德立功立言"、"小我融入大我"是高尚的，而花钱消灾、求神升官就不是高尚的，这些问题从理论上说，也是虽然荒唐，但很棘手。但重要的是，对这些问题不能只作理论思考，而也要有实践回应。对于正常社会的正常成员来说，对于经历了健全的社会化过程的健全个体来说，对于在一个既消除物质贫穷也克服精神空虚的社会中成长起来的人们来说，这类问题在从理论上被提出来之前，就已经在实践上得到了解决。这里用得上马克思的一句话："凡是把理论引向神秘主义的神秘东西，都能在人的实践中以及对这个实践的理解中得到合理的解决。"[27] 再借用马克思的一句话，对当今中国的精神生活来说，著书立说"解释世界"固然重要，但身体力行"改变世界"才是真正的关键。[28]

注 释

[1] 毛泽东在《整顿党的作风》（一九四二年二月一日）中说："共产党员对任何事情都要问一个为什么，都要经过自己头脑的周密思考，想一想它是否合乎实际，是否真有道理。绝对不应盲从，绝对不应提倡奴隶主义。"《毛泽东选集》第1～4卷，人民出版社1991年版，第827页。

[2] 王国维在"《静庵文集》自序二"（1905年）中说："哲学上之说，大都可

爱者不可信，可信者不可爱。"《王国维论学集》，傅杰编校，中国社会科学出版社
1997 年版，第 410 页。

　　[3]马克思、恩格斯在《共产党宣言》(1848 年)中写道："生产的不断变革，
一切社会状况不停的动荡，永远的不安定和变动，这就是资产阶级时代不同于过去
一切时代的地方。一切固定的僵化的关系以及与之相适应的素被尊崇的观念和简介
都被消除了，一切新形成的关系等不到固定下来就陈旧了。一切等级的和固定的东
西都烟消云散了，一切神圣的东西都被亵渎了。人们终于不得不用冷静的眼光来看
他们的生活地位、他们的相互关系。"《马克思恩格斯文集》第 2 卷，中共中央马克
思恩格斯列宁斯大林著作编译局编译，人民出版社 2009 年版，第 34—35 页。

　　[4]尼采在《查拉图斯特拉如是说》(1883—1885)中写道，查拉图斯特拉独自
下山走进森林时遇见一位白发老者，交谈一番后两人分手，"……当查拉图斯特拉
独自一人时，他对他的心如是说道：'难道有这种可能！这位老圣人在森林中竟毫
无所闻，不知道上帝死掉了！"尼采：《查拉图斯特拉如是说》，生活・读书・新知
三联书店 2007 年版，第 6 页。

　　[5] Max Horkheimer and Theodor W. Adorno：Dialectics of Enlightenment，
trans. J. Cumming (New York，1972)，p.118；转引自 JuergenHabermas：*Religion and
Rationality*：*Essays on Reason，God，and Modernity*，edited and with an Introduction by
Eduardo Mendieta，Polity Press 2002，p.96；参见［德］马克斯・霍克海默、西奥
多・阿道尔诺：《启蒙辩证法》，渠敬东、曹卫东译，上海人民出版社 2006 年版，
第 103 页。

　　[6]［美］丹尼尔・贝尔：《资本主义文化矛盾》(1976)，赵一凡等译，生
活・读书・新知三联书店 1989 年版，第 50 页。

　　[7]同上书，第 53 页。

　　[8] Karl Jaspers：*The Origin and Goal of History*，Routledge & Kegan Paul Ltd.
Broadway House，68—74 Carter Lane，London，p.2.

　　[9]冯契：《认识世界认识自己》(《冯契文集》第 1 卷)，华东师范大学出版社
1995 年版，第 352 页。

　　[10]鲁迅：《马上支日记》，《华盖集续编》，《鲁迅全集》第 3 卷，人民文学出
版社 2005 年版，第 346 页。

　　[11]鲁迅：《运命》，《且介亭杂文》，《鲁迅全集》，人民文学出版社 2005 年
版，第 135 页。

　　[12]王朔小说《一点正经没有》中主人公说的话："谁他妈也别想跟我这儿装
大个的——我是流氓我怕谁呀！"

［13］《资本主义文化矛盾》，第 67 页。

［14］同上书，第 67 页。

［15］鲁迅：《我之节烈观》，《坟》，《鲁迅全集》第 1 卷，人民文学出版社 2005 年版，第 129 页。

［16］《资本主义文化矛盾》，第 40 页。

［17］同上书，第 302 页。

［18］同上书，第 39 页。

［19］《论语·学而》："曾子曰：'慎终追远，民德归厚矣。'"

［20］即"ultimate concern"。

［21］《左传·襄公二十四年》："太上有立德，其次有立功，其次有立言，虽久不废，此之谓不朽。"

［22］李大钊：《今》，《李大钊文集》上，人民出版社 1984 年版，第 535 页。

［23］鲁迅："这也是生活"》，《且介亭杂文末编》，《鲁迅全集》第 6 卷，人民文学出版社 2005 年版，第 624 页。

［24］胡适：《不朽——我的宗教》，《新青年》第 6 卷第 2 号，1919 年 2 月 15 日。

［25］《雷锋日记》，解放军文艺出版社 1963 年版，第 59 页。

［26］司马迁在《史记·孔子世家》中写道："诗有之：'高山仰止，景行行止。'虽不能至，然心向往之。"

［27］《关于费尔巴哈的提纲》(1845 年)，《马克思恩格斯文集》第 1 卷，中共中央马恩列斯著作编译局编译，人民出版社 2009 年 12 月版，第 501 页。

［28］马克思的《关于费尔巴哈的提纲》的最后一条（第十一条）是："哲学家们只是用不同的方式解释世界，问题在于改变世界。"

从《中国问题》到"中国模式"*

　　我今天要讲的是一本书和一个话题。一本书是 1922 年出版的《中国问题》，一个话题是近几年来非常热门的"中国模式"。《中国问题》这本书的作者是英国哲学家伯特兰·罗素（1872—1970），中国思想家梁漱溟（1893—1988）对罗素及其《中国问题》非常重视，而他所借助于罗素和这本书所阐发的一些观点，与这些年议论的"中国模式"有很大关系。将近 90 年以前，中国被看作一个"问题"；将近 90 年以后，中国被当作一个"模式"。从"中国问题"到"中国模式"这样一个过程，我们希望通过对罗素和梁漱溟的讨论能加深一些理解。

---

　　* 本文的基础是作者于 2011 年 5 月 7 日在浙江大学"东方论坛"的演讲，刊于《解放日报》2011 年 8 月 21 日，发表时稍有删减。

一、罗素在讨论中国这个"问题"的时候，预见到中国有可能成为"模式"

罗素很早就以数理逻辑和分析哲学方面的创见而闻名于世，后来又获得诺贝尔文学奖，终其一生又都是一位著名的社会理论家和社会活动家。像经历了第一次世界大战的许多西方人士一样，罗素对西方的资本主义文明深感失望，为寻找出路和希望他把眼光投向东方。于是他接受梁启超等人的邀请，于 1920 年 10 月 12 日到达上海，在中国逗留了将近 10 个月之后，于 1921 年 7 月 11 日离开北京。罗素在中国期间做了很多讲演，对中国也做了不少了解，回国以后又做了很多报告，在这些报告基础上出版了《中国问题》一书。[1]

对罗素来说，中国之问题（the problem of China）之所以重要，是因为它包括许多中国的问题（Chinese problems），而这些问题不但对于中国，而且对于世界，都非常重要：中国的问题即使不影响别人，也够重要的了，因为它的人口相当于全人类的四分之一。更何况在未来两百年中，中国的事态发展将对整个世界产生决定性的影响。

在罗素看来，中国问题包括政治、经济、文化三个方面，其中文化是最为重要的。倒不是说罗素不重视中国的政治独立、经济发展，事实上在《中国问题》中他这方面谈论得不少，而且还提出了不少建议。但在他看来，政治、经济、文化三类问题中，无论对于中国还是对于世界，文化问题最为重要。中国成为政治经济强国，在罗素看来完全在预料之中："中国物产丰富，人口众多，完全能一跃而成为仅次于美国的世界强国。"[2]但罗素认为，中国要实现这个目标，必须在文化上克服一些弱点；同时他又强调，在克服这些弱点的时候中国千万不能把自己的优点也放弃了。在他看来，如果中国在成为世界强国的同时放弃了自己有种种优点的传统文化，那不仅对于中国自己，而且对于中国将影响的世界，都是一大不幸。罗素在表达这个观点的时候用了"模式"（model）一词："如果中国真的照搬她正与之打交道的这些外国的模式，这个世界又将会变得怎样呢？"[3]注意他问的是"这个世界"会怎么样，而不是"中国"会怎么样。

那么，他担心中国人会模仿的西方模式有什么特点呢？换句话说，他认为中国人应该坚持的区别于西方的是什么东西呢？罗素之所以关注文化问题，就是要回答这个问题。

罗素关于中国文化的看法包括两个方面，首先是关于中国文化的总体特征，他讲了四个特点。第一，中国的国家是一个文化实体，而不是西方人通常理解的政治实体。[4]第二，中国的文字是象形文字，他说中国文明之所以悠久，中国的国土之所以广袤，和这样一种类型的文字肯定是有关系的，尽管他说他并不清楚这种关系是什么。第三，中国文化的主导是儒家，而儒家的特点是用伦理，很大程度上就是用家族伦理，来取代宗教。第四，科举制度，也就是通过考试选拔有知识、有才能的人士来治理国家，这也是中国文化的一个重要特征。罗素讲这些特征的时候并不是完全做肯定的评价，他也说这些特点可以用来解释中国的很多问题，但是总体上他对中国文化的这些特征比较肯定。

罗素在评论中国文化时还谈了他对于中国人的性格的看法。罗素的看法不同于许多西方人的评价。比方说，有人说中国人不诚实，罗素说这种情况确实有，但如果中国人与英国人、美国人一起参加相互欺骗的比赛的话，英国人和美国人十次会有九次是取胜的。有人说中国人懒惰，他说这种情况确实也有，特别是当时的中国政府，但他说在这样的政府之下，人民反而倒有一定的个人自由，而这种个人自由在世上其他地方已全然丧失。有人说中国人太要面子，但他说提出这种批评的人往往没有看到，只有讲面子才能在社会上形成互相尊敬的风气。罗素尤其赞赏中国人的忍耐力，说中国人思考问题的时间单位不是十年，而是万年；"中国人的实力在于四万万人口，在于民族习惯的坚忍不拔，在于强大的消极抵制力，以及无可比拟的民族凝聚力"。[5]

当然，罗素承认，中国人并非没有缺点。在他离开中国之际，有一位著名的作家（据梁漱溟说应该是梁启超）请他指出中国人主要的弱点，罗素推辞不过，就说了三点：贪婪、怯懦、冷漠。罗素说这位中国作家听了之后不但不恼，反而认为评判恰当，进而探讨补救的方法。罗素说这是中国知识分子正直的一例，而"正直是中国的最大优点"。[6]

罗素认为中国人将对世界做出的最大贡献，应该是这种正直的道德——或者用我们今天的话来说，中国假如要成为世界的一个"模式"的话，最重要的就应该是这种正直的道德。在罗素看来，中国有一种思想极为根深蒂固，那就是正确的道德品质比细致的科学知识更重要。当然，中国人只重视良好的用意，而往往忽视解决实际的问题，比方说对植树造林这样的事情就不那么感兴趣，这个毛病必须克服。罗素认为，中国人如果能一方面保存中国人的文雅、谦让、正直、和气等特性，同时把西方科学的知识应用到中国的实际问题中，中国就可以发展出"一种较世界上任何文化都更加优秀的文化"。[7]

二、梁漱溟毕生思考"中国问题"，认为此问题的解决有赖于中国文化的"理性"传统

中国问题对罗素尽管重要，但毕竟只是他感兴趣的诸多问题之一。对于梁漱溟来说，中国问题则是他毕生思考的最大问题。在新中国建立前夕他完成了《中国文化要义》一书，在为此书写的"自

序"中,梁漱溟说:"我生而为中国人,恰逢到近数十年中国问题极端严重之秋,其为中国问题所困恼自是当然。"[8] 他认为这本书和此前写的几本书一样,研究的都是"从近百年世界大交通,西洋人的势力和西洋文化蔓延到东方来,乃发生的"这个特大问题。[9] 梁漱溟和毛泽东同庚,但毛泽东在北大图书馆打工的时候,他已经在那里教书了。1938 年 1 月,已经以倡导儒家的思想和实践而非常著名的梁漱溟以"国防参议员"身份访问延安,与毛泽东长谈多次,有两次据他说是通宵达旦。在这些谈话中梁漱溟再三强调中国社会的特殊性,[10] 这种观点与几个月以后(1938 年 10 月)毛泽东在强调马克思主义"中国化"有无联系,尚待考证。1953 年,毛泽东对时任全国政协委员的梁漱溟的"反动思想"严加批评,但梁漱溟在此后的著述中,却对毛泽东及其思想仍然有相当肯定,并且用毛泽东本人既饱读古典诗书又深谙农民心理来说明,中国传统社会的有些重要特点是"任何外国中古封建社会所不可能有的"。[11]

值得强调的是,梁漱溟晚年在强调中国社会的特殊性的时候,并不是要论证中国共产党所信奉的马克思主义、所实行的社会主义与中国国情不合,而恰恰是要说明它们之间的契合之处。他说从恩格斯的著作中可以看到,社会主义运动与启蒙运动和理性主义传统是一脉相承的,而有研究表明,后者恰恰是受过中国思想重要影响的。社会主义之所以在中国取得成功,中国之所以在苏联、东欧国家"变修"之后仍然坚持社会主义,就是因为中国有一个独有的文化传统，这个文化传统的核心理念是"理性"。梁漱溟这些话是在他毕生写的最后一本书中说的，这本书的书名就叫《中国——理性之国》。

根据我的理解，梁漱溟对"理性"的理解，包括以下几层意思：

第一，说人有理性，意思是"人们行事往往有当于理"。也就是说，人们通常是根据理由、依据或道理来行动的。梁漱溟说人们的行动有三种力量来推动，一种是"货利"之"利"，一种是"暴力"之"力"，一种是"义理"之"理"。在梁漱溟看来，这三者当中，中国人历来最重视理。

第二，中国人讲的这个"理"，包括有两种，一个是物理，一个是情理，而中国人更重视的是情理。物理存于客观，不因人而异，而情理则各从乎其人所处地位而来，所以同样一句话，对甲可能是有理的，对乙却可能是无理的。比方说，在从前的家庭生活中，一个人上有父母要孝顺，下有子女要养育，假如他力不从心，或者照顾不周，他的父母子女不应该责备他，但他如果自己责怪自己，却显得他更加孝慈。

第三，与"物理"和"情理"的区别相对应的，是人的两种类型的错误，比方说，"计算错了而不自觉，是一种错误；计算错了，而蒙混含糊过去，则为另一种错误"。[12] 前者有失于物理，后者则有悖于情理。一个人有理性的重要表现，就在于他通常不甘心于自己的错误，而时时自觉地向上。

第四，与"物理"和"情理"的区别相对应的，还有人的两种类型的主观状态，那就是"理性"和"理智"：理智静以观物，它所得到的可称为"物理"，其特点是不能夹杂丝毫主观好恶；而理性则要以无私的感情为中心，所得到的是"情理"，它既有好恶，但又不容偏私，正义感即为一例。

这种意义上的"理性"逐步成为人们行动的主要动力，就是人类社会从低级向高级进步的核心："社会（不论其小、大、低、高）人生一日离开情理不得。但在社会发展是从来不是以理领先。理虽不居于领先地位，但发展到最后共产社会时，理却居于最高地位以支配利与力。"[13] 梁漱溟认为中国文化的特点是"理性早启"，也就是说中华民族在世界各民族当中率先形成理性传统，从此出发他得出结论说中国进入共产主义比其他国家要更加容易一些："……无产阶级精神既有其高于我们传统习俗之处，同时又和我们固有精神初不相远，中国人很容易学得来，无产阶级革命在中国取得如此巨大成就实与此有极大关系。"[14]

三、梁漱溟所说的"理性"，既对应于罗素所论述的"灵性"，也接近于罗素提到的"讲理"

梁漱溟在撰写《中国——理性之国》的时候，并没有提到罗素，但他在此前的《中国文化要义》（1949）和此后的《人心与人生》（1975）中，都详细讨论了罗素的思想对他的理性观的影响。

在《中国文化要义》中，梁漱溟反对他早年也曾主张过的"理智"和"本能"的二分说，认为如果人类心理只有理智和本能，历史是不能进步的。他说这种观点的错误根源，在于没有看到"理智"和"本能"之外，还有"理性"："严格说，只有理性是主人，理智、本能、习惯皆工具。"[15]梁漱溟说，他所说的"理性"就是罗素在其访华前夕所写的《社会改造原理》一书中所说的"灵性"（或"精神"，原文为 spirit），它的特点是一种无私的感情，一种 impersonal feeling。梁漱溟说，这就是人类之所以区别于一般生物的地方；一般的生物只是寻觅生活，而人类则"更有向上一念，要求生活之合理"。[16]

在《人心与人生》中，梁漱溟又一次提到罗素："罗素在其《社会改造原理》一书中，曾主张人生最好是做到本能、理智、灵性三者谐和均衡的那种生活。所谓灵性，据他解说是以无私的感情为中心的，是社会上之所以有宗教和道德的来源。"[17]梁漱溟检讨说，罗素的这个观点，他早年在写《东西文化及其哲学》时却并没有认可，以为罗素在"本能"之外又抬出"灵性"这么一个有神秘气味的、高不可攀的东西，是多此一举；但经过多年用心观察、思考和反躬体认之后，梁漱溟说他终于省悟到"罗素是有所见的，未可厚非"。[18]

但梁漱溟说他并非完全赞同罗素，他不赞同罗素把本能、理智

（或思想）和灵性（或精神）当作并列的三项，而强调人心原为一个整体，并认为理性和理智的关系是一种"体用"关系，"理性为体，理智为用"。[19] 梁漱溟也不认为他的"理性"就完全对应于罗素的灵性（或精神），因为在他看来，即使是理性，也是与"理"相关联的（"理智、理性各有其所认识之理"[20]）；前面我们提到过，梁漱溟认为理智所认识的是"物理"，理性所认识的是"情理"。情理也是理，而且是更重要的理，因此是与人心自觉密不可分的："一切情理虽必与情感上见之，似动而非静矣，却不是冲动，是一种不失于清明自觉的感情。"[21]

这种意义上的"理性"，这种超越主观好恶的人类感情，这种连着自愿之情的自觉之心，倒与罗素在《中国问题》一书中似乎并不经意地用来赞扬中国人的一个词，颇为接近。这个词就是reasonableness，或 being reasonable。在一个地方，罗素赞扬中国人"在艺术上，他们崇尚精细；在生活中他们追求公理"。[22] 中译本此处"追求公理"的英文原文是 "being reasonable"。[23] 在另一个地方，罗素写道："中国人照例不是好的士兵，因为不是师出有名，他们有自知之明。不过，这只不过是一个证据，证明他们的理性。"[24] 中译本此处"理性"一词，是对英文原文中"reasonableness"的翻译。[25]

那么，这个"being reasonable"或"reasonableness"，是什么意思呢？

在英文中，有三个词我们在汉语中常常都译为"理性"，一个是 reason，一个是 rationality，一个是 reasonableness。"reason"常常被用来理解人或世界的本质，比如有哲学家会说"理性是世界的本质"，或者说"理性是人的本质"。在这两个句子中，"理性"这个中文词都对应于 reason 这个英文词。20 世纪以来的哲学家往往不那么愿意说世界或人有什么"本质"，认为那过于玄虚了；相比之下，他们更愿意谈论世界和人有什么属性、有什么特点。"rational"和"reasonable"这两个词就常常被用来描述人的行动或思想的特点，它们之间的区别可以用上面提到过的梁漱溟举过的那个例子来说明：一个人计算错了而不自觉，我们可以说他是不"rational"，是不合理；一个人不仅计算错了，而且想蒙混含糊过去，我们则可以说他是不"reasonable"，是不讲理。经常有这种情况，即一个人虽然很"合理"，算计精明滴水不漏，然而并不"讲理"，只顾自己而不顾别人。罗素夸奖中国人很"reasonable"，也就是梁漱溟常说的"中国人最爱讲理"[26]的意思。梁漱溟的那本书，《中国——理性之国》，也可以改名为《中国——讲理之国》。

四、中国真正从"问题"变为"模式"，关键是以理性的态度发扬中国的理性传统

梁漱溟写《中国——理性之国》时并不准备把它公开发表，但

后来他却把自己在 1972 年国庆前夕写的一篇文章作为该书的"代序"，这篇文章的题目是《旁观者清——记英国哲人罗素 50 年前预见到我国的光明前途》。在这篇文章中，梁漱溟高度评价罗素的《中国问题》一书，说罗素在此书中"于中国民族性格、社会风尚极有同情的认识，于吾国传统文化亦复有相互了解，从而与吾国前途若遇见其光明将必不可掩者。果然在其五十年后遂有今日新中国应验出现"。[27]

梁漱溟在完成其《中国——理性之国》的时候，还写了一篇文字，"著者告白四则"，一开头就说"此书在环境条件困难（失去自己储备的材料复缺乏参考书籍）中写出廿二章，尚差欠其收尾的三四章，有待完成"。[28]

把梁漱溟的《中国——理性之国》放到这样的语境阅读，我们不仅可以对梁漱溟的观点，而且可以对梁漱溟那么重视的中国的理性传统本身，有更加复杂但更加全面的看法。中国文化确实有一个理性的传统或讲理的传统，但我们不宜对此做本质主义的理解。套用近年来的一句话，这个传统既不是与生俱来的，也不是一劳永逸的。也就是说，我们对"讲理"的传统也要有"讲理"的态度。

只有对中国的理性传统也以理性的态度或讲理的态度对待，才能真正实现从"中国问题"向"中国模式"的转变。与罗素和梁漱溟一起理性地思考中国发展，我们可以得出以下几点结论。

第一，我们要对发展之目的和发展之手段之间的关系做理性的理解。罗素在长沙做讲演时，毛泽东曾经去听过，但他对罗素的"温和的共产主义"观点的评价是"理论上说得通，事实上做不到"。[29]这话在当时说是对的，因为罗素当时所提出的那些建议，搞工业、搞教育、搞劝说等等，在当时的情况下不那么现实。但在以暴力手段实现民族解放并开始国家的和平建设以后，罗素的那些建议我们不应该只当作书生空想了。我们不仅应该对革命的目的和革命的手段的关系做新的理解，而且应该对发展的目的和发展的手段的关系做新的理解。发展目的我们可以举出来一大堆很崇高的价值来，但是如果用来实现这些价值的手段，本身是违反人民群众利益的、违反中华民族长远利益的、违反世界和平的，用这样的手段去实现发展的目的，就是缘木求鱼、南辕北辙了。

　　第二，理性地看待中国的发展，也意味着我们要把中国发展的内部视角和外部视角结合起来。罗素考察中国的视角是外部视角，他是一个外国人，他讨论中国问题主要是为了解决西方问题。这点比罗素早来中国但同时离开的美国哲学家杜威当时就指出过。外国人的意见我们要重视，但更重要的是要在知道别人怎么想的同时明确自己应该怎么想，尤其是明确自己应该怎么做。对中国人来说，说"中国应该怎么样"，就是说"我们自己和我们自己的子孙后代愿意生活在什么样的土地上"。这样的视角，外国人可以没有，我们却非有不可。

　　第三，理性地看待中国发展，意味着在自信和自省之间建立一个平衡。在中国模式讨论中，常常有两种倾向，要么是自信过头，以为我们已经形成了一个完整的成熟的发展模式；要么是自省过头，好像我们什么都做错了，什么都不行。但是，中国发展时至今日，我们实在没有理由妄自菲薄了；但中国发展来日方长，我们也确实不应该骄傲自满。只有把自信和自省结合起来，梁漱溟赞赏罗素以先见之明预见到的"我国的光明前途"，才会在应有的水平上成为现实。

注　释

［1］［英］伯特兰·罗素：《中国问题》，秦悦译，学林出版社 1996 年版；英文原版：Bertrand Russell：*The Problem of China*，*Unwin Brothers*，Limited，the Gresham Press，London and Wokin，1922。

［2］《中国问题》，第 191 页。"China, by her resources and her population, is capable of being the greatest Power in the world after the United States." Bertrand Russell：*The Problem of China*，p.241。

［3］《中国问题》，第 2 页。"And if China does copy the model set by all foreign nations with which she has dealings, what will become ofall of us？" Bertrand Russell：*The Problem of China*，p.10。

［4］"与其把中国视为政治实体还不如把它视为文明实体——唯一从古代存留至今的文明。"《中国问题》，第 164 页。"China is much less a political entity than a civilization the only one that has survived from ancient times." Bertrand Russell：*The Problem of China*，p.208。

［5］《中国问题》，第 164 页。

［6］同上书，第 165 页。

［7］同上书，第 197 页。

［8］梁漱溟：《中国文化要义》，《梁漱溟全集》第 3 卷，中国文化书院学术委

员会编，山东人民出版社 1990 年版，第 4 页。

　　［9］同上书，第 3 页。

　　［10］《这个世界会好吗？——梁漱溟晚年口述》，艾恺采访，梁漱溟口述，一耽学堂整理，东方出版中心 2006 年版，第 81—82 页。

　　［11］梁漱溟：《中国——理性之国》，《梁漱溟全集》第 4 卷，中国文化书院学术委员会编，山东人民出版社 1990 年版，第 323 页。

　　［12］同上书，第 364—365 页。

　　［13］同上书，第 373—374 页。

　　［14］同上书，第 308 页。

　　［15］《中国文化要义》，《梁漱溟全集》第 3 卷，第 308 页。

　　［16］同上书，第 126 页。

　　［17］梁漱溟：《人心与人生》，《梁漱溟全集》第 4 卷，第 599 页。

　　［18］同上书，第 599 页。

　　［19］同上书，第 606 页。

　　［20］同上书，第 603 页。

　　［21］同上书，第 603 页。

　　［22］《中国问题》，第 149 页。

　　［23］"In art they aim at being exquisite, and in life at being reasonable." Bertrand Russell：*The Problem of China*, p.189.

　　［24］《中国问题》，第 155 页。

　　［25］"The Chinese are not, as a rule, good soldiers, because the causes for which they are asked to fight are not worth fighting for, and they know it. But that is only a proof of their reasonableness." Bertrand Russell：*The Problem of China*, p.197.

　　［26］《中国文化要义》，《梁漱溟全集》第 3 卷，第 241 页。

　　［27］梁漱溟：《旁观者清——记英国哲人罗素五十年前预见到我国的光明前途》，《梁漱溟全集》第 4 卷，第 202 页。

　　［28］《中国——理性之国》，《梁漱溟全集》第 4 卷，第 201 页。

　　［29］毛泽东：《致蔡和森等》（1920 年 12 月 1 日），《毛泽东书信集》，人民出版社 1983 年版，第 5 页。

讲好自己的人生故事 *

我今天报告的题目是"讲好自己的人生故事",我想从两个故事开始我的报告。

一、人生故事:"分组画脸"还是"连点成线"?

第一个故事是我自己经历的。几年前,我在上海社科院的时候,参加院党委宣传部组织的一次晚会,其中的一个游戏给我留下深刻印象。在这个游戏中,主持人让嘉宾们分成两组,每组的人们一个个上台来,蒙住眼睛,用画笔在白板上分别画眉毛、眼睛、鼻子、嘴巴、耳朵。因为是由不同的人蒙住眼睛以后画出来的,白板上的

　　* 本文的基础是 2012 年 5 月 2 日在上海交通大学的讲演,刊于《文汇报》2012 年 5 月 21 日。

五官位置多半是要么太高，要么太低，要么彼此离得太远，要么彼此离得太近。游戏的最后部分是每个组各派一个人上来，眼睛不蒙住，用画笔在自己组的成员所画的这些五官周围画上脸的轮廓，使得这些五官从某个角度看成为脸庞的组成部分。最后画成的人脸，像不像，酷不酷，一看就分出高下来。

第二个故事是有关乔布斯的。2005 年 6 月 12 日，史蒂夫·乔布斯应邀在斯坦福大学的毕业典礼上致辞，[1] 给毕业生们讲述他的人生故事，其中第一个故事叫 "connecting the dots"，我把它译作 "连点成线"。乔布斯讲到他中学毕业后上了一家几乎与斯坦福一样昂贵的本科学院，6 个月不到就退学，然后在那所学校里晃荡了一年半蹭课，其中有一门书法课，当时只是喜欢，全然没有想到会有什么实际用处。但当他在斯坦福作为苹果电脑和皮克斯动画工作室的 CEO 回顾那段历史的时候，当他说起他把漂亮字体设计进第一台 Macintosh computer 当中去时，那门书法课程，那段蹭课经历，甚至那个退学决定，获得了独特的意义：假如他当初没有进这所学校，没有辍学，没有蹭课，没有听那门书法课，苹果电脑甚至所有个人电脑那漂亮的字体可能就无从谈起。

上面两种情形，大概可以用来形容人生故事的两种讲法。

在那个 "分组画脸" 的游戏中，每个组的前几个人只是故事中的人物，而只有最后一个人，那个在五官周围画上脸庞轮廓的人，才是讲故事的人：前面每个人的笔画并没有单独的意义，不同人们的笔画放在一起，也没有产生出意义，而只有一个高居他们之上的力量的出现，这些笔画才具有了意义。每组最后那人的作用，好比是一个讲故事的高手，寥寥几句就把前面打下的故事伏笔一一挑明。

而在乔布斯所举的"连点成线"的例子中，他既是其人生故事的主人公，也是其人生故事的讲述者，就好像马克思就整个人类而说的那样，人是"他们本身的历史的剧中人物和剧作者"。也就是说，在连点成线的故事中，在人生纸卷上画出一个一个点的是我们自己，把这些点连接起来的也是我们自己。在连接起来之前，人生过程中的一个个事件看不出有什么意义，但一旦关联起来，它们就成为一个完整的人生故事的不同情节，不同阶段。

二、人生之"点"的形成：自由选择
还是必然决定？

人生道路上的一个个点，一个个 dot，是我们经历的一个个重要事件。这些事件，有的是"被经历"的，容不得我们选择。乔布斯的母亲没有结婚就意外地怀上了他，生下了他，然后把他送人领养，这样的 dots 容不得他选择。乔布斯在 30 岁那年被自己创办的公司解雇，49 岁那年被诊断患胰腺癌，60 岁不到就去世，这些 dots 当然也容不得他选择。

但也有许多人生之点，是与我们的选择有关的。乔布斯在 17 岁那年上里德学院，半年后辍学在学校里蹭课，后来完全离开学校，在 20 岁那年创办苹果公司，1985 年被解雇 12 年之后，又重返公司担任首席执行官，2007 年推出 iPhone，2010 年推出 iPad，这些事件，这些 dots，固然都有许多乔布斯本人无法左右的因素在起作用，比如电脑技术和美国经济的发展状况等，但在同样的背景下乔布斯选择做了这些事情，而没有选择做别的事情，也就是说，乔布斯的个人选择在这些事件当中发挥了重要作用。

我们怎么来看待这些选择？这些选择是他自由地做出的吗？对这个问题，哲学家们至少分为两派。一派认为，人们的选择是自由的，人和动物的区别就在于人有自由意志，在同一个时刻，在同样的条件下，一个人常常既可以选择做 A，也可以选择做 B。但哲学史上的另外一派则认为，人们的选择看上去是自由的，但其实都是被决定的，是被这个人的社会地位、家庭教养等所决定，甚至是被进行选择的那个人的大脑神经系统的状态所决定。这就是哲学史上著名的自由意志论和决定论之争。

自由意志论和决定论之间孰是孰非，人生到底是被决定的，还是可抉择的，我这里无法介绍哲学家们以及有浓厚哲学兴趣的科学家们对这个问题的详细讨论。但在我看来，哪怕神经科学家给出决定性论据说"自由意志只是一个幻觉"，我也还是可以坚持以下观点的。我们的日常经验告诉我们，我们之所以认为心智正常的成年人应该对自己的许多行为负道德责任甚至法律责任，是因为我们知道，我们的许多行为是我们在一定条件下进行自由选择的结果：在特定条件下我们固然不可能完全随心所欲，但我们常常可以在一个可能性空间当中进行选择。比方说，本科毕业时我们固然不可能想做什么就做什么，但我们毕竟可以选择是直接工作还是考研攻博，是叩门清华，还是投身交大，是在国内发展，还是去国外探索。

对我的这个观点，神经科学家或许能用我的脑神经构造之类的因素来加以说明，但关于某个论点之主张的"说明"不等于对于所主张之观点的"论辩"（论证或驳斥），因为对一论点之主张是属于经验世界的，我们可以设法说明它的原因，但所主张之观点则属于观念世界，对它来说重要的是有没有理由、有什么理由，而不是有什么原因。在我看来，在道德理论当中，一个观点的理由不能只是普通常识，但也不能离普通常识太远。我们正常的个人生活和社会生活可以说都以行为责任和意志自由之间的内在关系作为前提，理论家的任务是用概念和理论来说明这种关系，而不是干脆就否认这种关系。

行为责任与意志自由之间的关系，我们或许还可以用挪威杀手布雷维克作为例子来说明。2011 年 7 月 22 日，挪威极右分子安德斯·布雷维克在首都奥斯陆和附近的于特岛制造了震惊世界的爆炸和枪击恐怖事件，造成 77 人死亡。对于这样一件邪恶事件，它的行动主体当然要承担责任——前提是，如果这个行动主体是一个心智正常、有自由选择能力的人的话。但恰恰是这个前提，受到了去年11 月 29 日由法院指定的两名精神病学家提交精神鉴定报告的质疑。这份报告称，布雷维克作案时处于精神错乱状态，患有妄想型精神分裂症。但今年 1 月 4 日，挪威媒体披露，由三名心理学专家及一名精神病专家组成的团队公布了对布雷维克的诊断报告，认为此人并未患上精神病，无需接受相关治疗，可以在监狱中服刑。对这两份相互矛盾的精神鉴定报告，布雷维克在今年 4 月出庭时的反应，倒很像一个心智正常的人。据报道他在法庭上特别反感把他说成是精神病人。他说："报告里描述的那个人并非我本人，诊断中的任何一条我都不同意……而对于像我这样的政治活动家，最糟糕的事莫过于在精神病院里了却此生，而我目前正面临这样的风险，这将使我所坚持的东西毁灭殆尽。"

三、人生之"点"的意义："以昔解今"
还是"由今视昔"？

乔布斯所要连接起来的那些 dots，既包括经过我们选择而得到的人生经历，也包括那些完全在我们控制之外出现的人生经历。经过"连点成线"之后，不仅自由选择的人生经历，而且客观发生的人生经历，也会带上独特意义。

那么，这种"连点成线"我们怎么来看待呢？

中国有句古话："塞翁失马，焉知非福"。偶然事件之间的因果关系，也可以说是连点成线，因此一个先前的事件会在后来具有原先所不具有的意义。但乔布斯讲的"连点成线"还有更多的含义。在塞翁失马的故事中，不仅点的出现，而且点的连接，与人的努力都毫无关系。其中说明的"祸兮福所倚，福兮祸所伏"的道理，当然是有智慧的，能提醒我们单个人生事件的意义取决于它们在人生过程中的位置，但是，乔布斯显然并不要我们坐等命运之船把我们载到随便哪一个地方。

德国有位哲学家，叫尤根·哈贝马斯，他今年83岁，大概是世界上最著名的在世哲学家。他的理论工作的核心概念是"交往理性"，主张把社会关系建立在人与人之间的讲理活动即交往活动或沟通活动的基础之上。哈贝马斯的交往行动理论很复杂，这里没有办法展开，我想提一下的是他于2004年11月11日在日本京都的一次讲演，他讲述了自己的幼时经历与其理论工作之间的关系。[2]哈贝马斯天生患有腭裂，一生下来就动了手术，长大后作为著名学者他竭力主张人类之间的理性交往，并且经常在世界各地演讲，但他的发音常常令人费解，交往因此有特殊困难。但有意思的是，哈贝马斯在京都讲演的时候，恰恰把他幼小时候的困难经历，他自小就有的生理缺陷，看成了他对交往理性和公共领域之毕生研究的重要节点。哈贝马斯说他当然不记得第一次做腭裂缝合手术的情况，但五岁时的第二次手术，他记得很清楚，而这使他对个人对他人的依赖性，对主体与主体之间的关联性、人类心智的主体间结构，留下了深刻印象，并促使他关注洪堡、皮尔斯、米德、卡西尔和维特根斯坦等对语言和交往有精妙研究的哲学家。也就是说，哈贝马斯成年以后的学者生涯和学术成就，成功地使他自己的幼年不幸和终身疾痛具有了正面的意义。

不仅由生理疾痛这样的"自然错误"而画错的点，而且由失足行为这样的"人为错误"而画错的点，也可能因为连点成线的努力而改变意义。《悲惨世界》中的冉阿让偷过东西，但在作家的笔下，冉阿让的偷窃成为一个感人而丰满的正面形象的一段必要经历。人生没有后悔药，也没有校正液，但怎么认识过去的错误，怎么作出今后的选择，会给人生故事已经发生的每个情节赋予大不一样的意义。

人生过程中的"今""昔"关系，是科学方法论的一个重要课题。人文学科的典型方法是诠释（interpretation），自然科学的典型方法是说明（explanation），两者都涉及今昔关系或现在与过去的关系。相比之下，在自然科学的说明中，常常是"以昔解今"，即过去（原因）决定现在（结果），而在人文学科的诠释中，常常是"由今视昔"，即现在（语境）决定过去（意义）。说好自己的人生故事，最重要的任务就是用后来的"故事情节"来调整和理解过去的"故事情节"的意义。

四、人生之"点"的连接：哪里是讲好 人生故事的最佳位置？

严格地说来，我们到底是一个什么样的故事的主人公，我们写出的是什么样的人生故事，只有当我们走完或即将走完人生道路的时候，才有结论。孔夫子（前551—前479）活了72岁，当他说"吾十五有志于学，三十而立，四十不惑，五十而知天命，六十耳顺，七十从心所欲，不逾矩"[3]的时候，已经年过七十。瞿秋白（1899—1935）活了36岁，他在写《多余的话》的时候，在感叹"知我者谓我心忧，不知我者谓我何求"的时候，离牺牲只有几天。维特根斯坦（1889—1951）活了62岁，他在病床上对身边朋友说："告诉他们，我度过了美好的一生！"，这是他留给世界的最后一句话。孔夫子是古代贤哲，瞿秋白是中共先烈，维特根斯坦是现代西方的哲学大师，他们之间当然有许多区别，但他们都完整地讲述了自己的人生故事。

对于年轻人来说，甚至对于中年人来说，讲述人生故事的最好位置，是设想自己老之将至，设想在那样的时刻，自己能否心安理得，或者如《钢铁是怎样炼成的》的主人公保尔·柯察金所说的那样，在回忆往事的时候，"自己不致因虚度年华而悔恨，也不致因碌碌无为而羞愧"。奥古斯丁（354—430）40多岁写《忏悔录》的时候，卢梭（1712—1778）50多岁写《忏悔录》的时候，大概就处在这样的位置。实际上，乔布斯于知天命之年在斯坦福讲演的时候，虽然他强调"要连点成线你是不能朝前看的；你只能在回头看的时候才能连点成线"，他其实也是非常重视从未来的角度，从一个虚拟的未来的角度，来连点成线的。乔布斯说，在过去的几十年中，他每天早晨都对着镜子问自己："如果今天是我人生的最后一天的话，我还会去做我正要去做的事情吗？"他说一旦他发现连着许多天自己对这个问题的回答都是"不"，他就意识到，他得做一些变化了。

凡人终有一死，乔布斯非但没有用这个事实来贬低人生价值，反而以此来衬托人生轨迹当中，哪些点是最值得珍视的。对乔布斯的这个观点，我想做一些发挥：除了实际地或想象地从我们自己的生命终点出发来"连点成线"以外，我们还可以把以下三个位置作为连点成线的出发点。

第一个位置是我们的孩子。我们要说好自己的人生故事，千万别忘了我们的故事的最重要听众是我们的孩子。检验一个人有没有价值观，有什么样的价值观，最好的办法是问他，你愿意你自己的孩子将来过什么样的生活？日常生活中经常看到或听到这样的例子：哪怕是一个十足的坏蛋，他也希望他的儿女过体面生活。电影《天下无贼》中女窃贼王丽告诉她的同伙男友王薄她为什么要暗中保护农村娃子傻根，为什么不愿意继续偷钱，是"因为我怀了你的孩子，我想为他积点德"。

第二个位置是未来的历史。我们站在今天的角度来对过去连点成线、讲述故事，未来的人们也会从他们那时的角度出发，来对包括现在的我们在内的人们的行为连点成线——如果我们今天就能想到这一点，那么我们不仅对过去，而且对今天，也有更好的认识。瞿秋白在《多余的话》中一面说，"告别了，这世界的一切！"一面还表白着，"历史的事实是抹煞不了的，我愿意受历史的最公平的裁判！"[4] 刘少奇在国民经济严重困难时期对毛泽东说："人相食，要上书的！"[5] 在"文革"初期失去自由前对王光美说："好在历史是人民写的……"[6] 对问心无愧的人来说，想到"好在历史是人民写的"，历史会是一种安慰；对有过错甚至造罪孽的人来说，历史则将是一种惩戒，因为"好在历史是人民写的"这句话的另一层意思是："慎乎历史乃后人所书！"

第三个位置是我们的理想。"我们的孩子"是在个体的层面上对当下之我的超越，"未来的历史"是在集体的层面上对当下之我的超越，这两种超越都处于时间之中，都体现了"后之视今，亦犹今之视昔"的道理。相比之下，"我们的理想"则是在理念世界而非经验世界、在形上层面而非形下层面，对当下之我的超越。站在理想世界的角度来对我们的过去和现在的行为进行"连点成线"，会使我们对自己的成就、不足和努力方向有格外清晰的认识。司马迁在《史记·孔子世家》篇末写道："诗有之：'高山仰止，景行行止。'虽不能至，然心乡往之。余读孔氏书，想见其为人。适鲁，观仲尼庙堂车服礼器，诸生以时习礼其家，余祇回留之不能去云。天下君王至于贤人众矣，当时则荣，没则已焉。孔子布衣，传十余世，学者宗之。自天子王侯，中国言六艺者折中于夫子，可谓至圣矣！"司马迁在这里既表白他对孔夫子"心向往之"，也承认这位"至圣"的境界他是"不能至"的。值得注意的是，司马迁并没有从这个理想的"不能至"而得出这个理想的"不可有"的结论，相反他强调，对这个"不能至"的理想，他是"心向往之"的！用哲学的语言来说，这"心向往之"的对象作为一个理想，是远在一个超越世界的，但"向往"之此"心"、此心之"向往"，却是就存在于司马迁身上、发生在经验世界之中的。重要的是，对这个"不可至"的超越性理想的"心向往之"，虽然没有使司马迁成为孔夫子，但是使他成了司马迁，成了我们所知道的那位千古"史圣"，那位含垢忍辱、究际通变、为世人留下了一部"史家之绝唱，无韵之离骚"的太史公。

　　一个超越的理想能起到如此实在的作用，我们就不能说它是乌有之乡、海市蜃楼。相反，美好的人生理想完全可以成为真实的人生故事的点睛之笔。

注 释

［1］"You've got to find what you love"，Jobs says，*Stanford News*，JUNE 14，2005，http://news.stanford.edu/2005/06/14/jobs-061505/.

［2］Juergen Habermas："Public Space and Political Public Sphere — The Biographical Roots of Two Motifs in my Thought"，in JuergenHabermas：*Between Naturalism and Religion*：*Philosophical Essays*，translated by Ciaran Cronin，Polity Press，2008，Cambridge，UK，Malden，USA，pp. 11—23.

［3］《论语·为政篇》。

［4］瞿秋白：《多余的话》，《瞿秋白文集》第7卷，人民出版社1991年版，北京，第722页，第712页。

［5］刘源、何家栋：《"四清"疑团》，《你所不知道的刘少奇》，王光美、刘源等著，郭佳宽编，河南人民出版社2000年版，第90页。

［6］《刘少奇年谱》(下)，中央文献出版社1996年版，第610页。

梦想和理性：中华腾飞的精神两翼[*]

过几天就是 4 月 23 日"世界读书日"了，很高兴在这里，在浦东新区图书馆，以"世界读书日专题讲座"的形式，与在座各位朋友分享读书的收获与乐趣。我的讲演题目是："梦想与理性：中华腾飞的精神两翼"。

一、中国腾飞的双重含义

说起读书，在座不少年轻朋友可能都会想起周恩来总理少年时的一句话，"为中华之崛起而读书"。[1]联想到 1917 年东渡日本前周恩来为一同学题词"愿相会于中华腾飞世界时"[2]，我们不妨把

---

[*] 本文的基础是作者于 2013 年 4 月 20 日在浦东新区图书馆的讲演，刊于《解放日报》2013 年 6 月 9 日，发表时稍有改动。

世界读书日这个特定语境与少年周恩来的读书名言更加直接地关联起来，让我们都来为中华之腾飞而好好读书！

那么，什么是"中华之腾飞"呢？

思考这个问题，我们可能首先想到 1949 年 9 月 21 日，在全国政协会议第一届全体会议上，毛泽东自豪地宣布："中国人从此站立起来了。"[3] 这句话，最言简意赅地表达了毛泽东、周恩来等革命前辈们从一开始就追求的那个目标，表达了"中华之腾飞"的一个核心内涵。

我这里想强调的是，毛泽东在政协讲演中还有两个重要信息，对我们在今天理解"中华之腾飞"，也有特殊意义。

首先是毛泽东说那句话时所使用的修辞手段，即讲演者向听讲者发出邀请，邀请他们与自己分享体验，体验一个特殊的历史时刻，体验这个历史时刻所具有的伟大的历史意义："诸位代表先生们，我们有一个共同的感觉，这就是我们的工作，将写在人类的历史上……"[4] 这不只是传达一个客观信息，也不只是表达一个主观感受，而更是创造一个主体间分享的现场体验，这个体验根植于每个人的内心，但又超越特定个体、超越这些个体所处的那次会议、那个会场。同样的修辞手段，也出现在 63 年以后，出现在去年十一月召开的中共十八大报告之中："此时此刻，我们有一个共同的感觉：经过 90 多年艰苦奋斗，我们党带领全国各族人民，把贫穷落后的旧中国变成日益走向繁荣富强的新中国，中华民族伟大复兴展现出光明前景。"[5]

其次是这段话中毛泽东对"中国人从此站立起来了"的解释。毛泽东并没有只是讲中国人从此站立起来了，而是也讲了中国人口占人类总数的比例，讲了"站立起来"的含义，尤其是讲了作为占人类总数四分之一的一个民族，中国人肩负着的特殊使命："以勇敢而勤劳的姿态工作着，创造自己的文明和幸福，同时也促进世界的和平和自由。"[6]毛泽东在这里所表达的意思，1956年两次在公开场合做了更具体的阐述，一次是在9月，会见南斯拉夫代表团的时候，另一次是在11月，在纪念孙中山先生诞辰90周年的时候。毛泽东说，作为一个具有九百六十万平方公里土地和六万万人口的国家，"中国应当对于人类有较大的贡献"。毛泽东表示，在过去一个长时期内，这种贡献太少了，"这使我们感到惭愧"。[7]

在我看来，今天我们要对民族复兴、中华腾飞做出全面理解，必须同时牢记毛泽东在新中国成立前后所说的这两句话："中国人从此站立起来了"，"中国应当对人类有较大的贡献"。对于中国这样的大国，只有结束列强侵略，才可能"对人类有较大的贡献"；也只有为人类做出更多贡献，才可能真正算是"站立起来了"。

二、中华腾飞需要青春梦想

中共十八大开完不久，习近平和其他六位中央政治局常委一起参观了一个题为《复兴之路》的展览，并在参观后发表了有关"中国梦"的著名讲话。在参观过程当中，习近平等驻足细看一些特定历史节点的展览物件，其中包括李大钊的狱中亲笔自述。李大钊是中国共产党最重要的创始人之一，于 1927 年 4 月 6 日被捕，4 月 28 日被杀害。他在《狱中自述》写道："钊自束发受书，即矢志努力于民族解放之事业，实践其所信，励行其所知，为功为罪，所不暇计。今既被逮，惟有直言。倘因此而重获罪戾，则钊实当负其全则。惟望当局对于此等爱国青年宽大处理，不事株连，则钊感且不尽矣!"[8]

在这段话中，李大钊不仅表达了他从少年起就立下的救国救民之志，而且以一种特殊方式表达了他早在 1916 年就论证过的一个信念："青年不死，则中华不亡。"[9]

在李大钊的时代，古老的中华民族，确实正面临着亡国的危险。在李大钊看来，一个民族，就像一个人，也各有其生命，有"青春之民族"，也有"白首之民族"。但与个人不同，白首民族可以重新焕发青春。在李大钊心目中，中华民族就应该有这样的回春再造，对此李大钊曾通过对"中华"之"华"的词义解释，进行了充满诗意的描绘："华者，文明开敷之谓也，华与实相为轮回，即开敷与废落相为嬗代。白首中华者，青春中华本以胚孕之实也。青春中华者，白首中华托以再生之华也。"[10]

为了使这样一种民族形象从理想变为现实，李大钊寄最大的希望于"青年之自觉"，而青年之自觉一方面表现为"冲决过去历史之网罗，破坏陈腐学说之囹圄"，另一方面表现为"脱绝浮世虚伪之机械生活，以特立独行之我，立于行健不息之大机轴"。[11]

这种意义上的"青年之自觉"，是一种青春的精神、青春的激情。没有这样一种激情，一个人哪怕年纪轻轻也仿佛垂垂老矣；有了这样一种精神，一个人哪怕年岁老迈也仍然青春焕发："有老人而青年者，有青年而老人者。老当益壮者，固在吾人敬服之列，少年颓丧者，乃在吾人诟病之伦矣。"[12]

为了实现这样一种青春梦想，李大钊在领导建党之前，还参与创立了一个叫做"少年中国学会"的组织。正式成立于 1919 年 7 月 1 日的这个组织的主要发起人是王光祈，但为它提供思想指导的则是李大钊。在李大钊的提议下，少年中国学会确定其宗旨为"本科学的精神，为社会的活动，以创造'少年中国'"。[13]

对这个"少年中国"理想，李大钊做了简明但深刻的解释："我理想的少年中国，是由物质和精神两面改造而成的少年中国，是灵肉一致的少年中国。"[14] 近代中国革命，我们都知道是为了赶走国际帝国主义，取得民族解放；是为了打到国内剥削阶级，取得翻身解放。这些当然都很重要。但李大钊讲得更加全面，把国际国内两种意义上的"解放"，又做了"物质改造"和"精神改造"这样两方面的理解。

我们今天重温李大钊以充满诗意的语言所表达的这种青春梦想，

既是加深理解民族复兴的多重含义，也是继承与发扬"精神改造"的未竟事业。

三、中华腾飞也需要理性平和

在习近平等同志驻足细观的李大钊"狱中自述"中，我们不仅可以看到以李大钊为代表的革命前辈的少年梦想、青春激情，而且也可以看到他们所开创的那个事业的文化追求和理性关怀。"狱中自述"的最后一段，是李大钊在写完正文以后补写的："又有陈者：钊夙研史学，平生搜集东西书籍颇不少，如已没收，尚希保存，以利文化。谨呈。"[15]

在中国共产党的早期创始人中，李大钊和陈独秀一样都是大学教授，相比之下，陈独秀比李大钊更精通传统学问，而李大钊比陈独秀更熟悉现代知识。在 1920 年至 1925 年间，李大钊先后在北大以及北京乃至上海、武汉等其他不少大学开设许多课程，如"社会主义史"、"社会立法"、"社会主义与社会运动"、"唯物史观"、"史学思想史"等，以及不少讲座，如"现代普选运动"、"各国的妇女参政运动"、"工人的国际运动"、"人种问题"、"社会学"等。李大钊最感兴趣的是史学。在 1923 年 4 月 5 日，李大钊在复旦大学做讲演，讨论史学以及史学与哲学的关系。李大钊认为，文学教我们

"发扬蹈厉"，哲学教我们"扼要达观"，而史学除了也能发挥类似作用以外，主要功能是教我们"踏实审慎"。[16]

李大钊对"踏实审慎"的强调，表现之一是他在讲历史的时候把重点放在现在和未来上，而不是放在过去之上。李大钊说："吾人在世，不可厌'今'而徒回思'过去'，梦想'将来'，以耗误'现在'的努力。又不可以'今'境自足，毫不拿出'现在'的努力，谋'将来'的发展。"李大钊的这段话写在他的一篇题为"今"的文章里，在他看来，"将来"固然比过去更美妙，但离开了今天的努力，将来只是一个空想："无限的'过去'都以'现在'为归宿，无限的'未来'都以'现在'为渊源。"[17]

在时间的三个向度当中，"现在"介于"过去"和"未来"的中间，李大钊在解释"中华"之为"中"的时候，不仅强调中华民族在空间上地处天下之中，而且强调中华青年要在时间上深切体会"时中之旨"："旷观世界之历史，古往今来，变迁何极！吾人当于今岁之青春，画为中点"[18]，以今天为起点，超越过去，创造未来。

在李大钊的思想中，"中"不仅可以做时空上的理解，而且可以做义理上的理解。对这一点，鲁迅在一封谈论李大钊遗文集之发行的致友人信中，提供了一个很有意思的佐证。在1933年6月写给曹聚仁的信中鲁迅说，《守常文集》这本书，"我以为不如'自由'印卖，好在这书是不会风行的，赤者嫌其颇白，白者怕其已赤，读者盖必寥寥，大约惟留心于文献者，始有意于此耳，一版如能卖完，已属如天之福也".[19]鲁迅担心,李大钊的立场,左派嫌其太右,而右派嫌其太左,两边都不会引李大钊为同道;在白热化斗争的时期,李大钊的书是不会引起太多人兴趣的。从李大钊的光荣一生中我们已经知道,李大钊并不是一个回避矛盾、害怕斗争的好好先生;被鲁迅描绘"有些儒雅,有些朴质,也有些凡俗","所以既象文士,也象官吏,又有些象商人"的这位革命前辈,[20]是像最勇敢的战士一样为正义事业不辞一死的。称李大钊为自己"至熟至熟之友"的现代中国大思想家梁漱溟,曾经这样形容李大钊的个性:"他是一个表面上非常温和的人,同大家一接触,人人都对他有好感,实际上骨子里头他也是很激烈的。"[21]这个伟大生命不惜牺牲自己而为之激烈奋斗的,恰恰是一个友爱而讲理的社会,一个不偏激不极端的国家。李大钊的思想或许可以这样来表述:我们心目中的中国之所以叫"中国",不仅是因为它地处中心(其实对任何人来说,自己国家可以说都是地处中心的),而且是因为,第一,它时重当下而继往开来;第二,它道守中庸而不走极端——中国,因此是一个生机勃勃的"中道之国"。

这样一个"中道之国",会让人想起古人所说的与"霸道"相对立的"王道"。阐述"王道"最著名的孟子的一段话,李大钊多次提到。孟子说:"以力假仁者霸,霸必有大国;以德行仁者王,王不待大,汤以七十里,文王以百里。以力服人者,非心服也,力不瞻也;以德服人者,中心悦而诚服也,如七十子之服孔子也。"[22]从1914

年写的题为《政治对抗力之养成》的文章，到 1923 年写的《平民主义》一文，李大钊都引用了孟子的"以力服人者，非心服也，力不瞻也"的观点。值得注意的是，李大钊并没有接着引用"以德服人者，中心悦而诚服也"一句，估计是他不想简单地把"德"当做使人"心服"的根据。从他的上下文来看，李大钊认为使人"心服"的东西是"理"。这一点在李大钊讨论民主或"平民主义"的时候尤其明显。李大钊认为，"民主"固然与"多数人统治"密切相关，但那不是因为多数人的势力大，可以压制少数人，而是因为在公共生活中，一旦发生问题，"人人得以自由公平之度为充分之讨论、翔实之商榷，而求以共同之认可"[23]。讨论到了一定程度时，要通过表决或"取决"来检验讨论的结果，看看哪种观点让更多人觉得有理。因此，李大钊说："在商讨之中，多数宜有容纳少数之精神；在取决之后，少数宜有服从多数之义务。"[24]这种意义上的"少数服从多数"，其含义并不是指少数人的势力屈服于多数人的势力，而是少数人按照他们先已同意的程序，认可了经过讨论而阐述清楚的多数人的道理。这种认可，于是就是一种以理服人，而不是以力服人。

这种意义上的"讲理的社会"，也可以说是一个"理性的社会"，但"理性"这个词歧义很多，需要做一番说明。中共中央和国务院的重要文献这几年一直提倡"培育理性平和的社会心态"，这个观点在中共十八大报告中也已经写入。与此相呼应，主流媒体这些年来一直在呼吁要"理性维权"和"理性表达"，前者更多地诉诸普通民众，后者更多地诉诸知识精英，但它们的确切含义是什么，取决于我们对"理性"做什么样的理解。

对"理性"这个概念，大致可以做两种理解。根据一种理解，"理性"是指"有办法"；根据另一种理解，"理性"是指"讲道理"。"有办法"就是有途径达到一个目标、有效率实现一个目标，而不管这个"目标"是什么。因此，用原子能大容量发电与用原子能大规模杀人，都属于"理性"的范畴。学者们把这种意义上的"理性"，称为"工具理性"，并对"工具理性"在现代社会——尤其是现代化程度很高的西方社会——在给人类带来无数便利的同时，也给人类带来许多危险而感到忧心忡忡。有些人对此感到绝望，认为现代社会的特征是权威失落、价值危机，哪个目标是理性的，见仁见智，莫衷一是，达不成理性的结论，而能做出理性判断的，只是为实现既定目标哪一种手段更加有效。但许多人不愿意接受这样的局面，不愿意走向虚无主义和悲观主义，为此他们把"理性"不仅理解为"有办法"，而且理解为"讲道理"，虽然不再坚持某些特定标准一定具有跨文化超时代的普遍有效性，但认为应该认真对待在特定领域当中让人心悦诚服的诸多"理由"，既不能蛮不讲理，也不能强词夺理。

因此，"理性维权"和"理性表达"的意思，可以有两种理解。根据一种理解（显然也是这两个呼吁的本意），在维护权益时我们应该遵纪守法，通情达理，在表达意见时我们应该心平气和，文明礼貌。但"理性维权"和"理性表达"也可以做另一种理解：假如我们把"理性"只理解成"有办法"而不是"讲道理"的话，就有这样一种可能：在合适的制度环境和舆论环境还相当缺失的情况下，蛮不讲理者恰恰能得到更多利益，强词夺理者恰恰能吸引更多眼球。在特定条件下，蛮不讲理和强词夺理恰恰是实现不讲理目的的最理性手段，对这种情况，我们必须有足够警觉。

四、中华腾飞的精神两翼缺一不可

刚刚我们分别讲了青春梦想和理性平和的重要性。下面我想把这两方面放在一起讲讲它们之间的互补性。

在这方面，李大钊关于青年和老人不同的社会责任，很值得重视。李大钊赞颂青春、崇尚现今，但他并没有因此而否定老人的独特的社会责任。在李大钊看来，"青年贵能自立，尤贵能与老人协力；老人贵能自强，尤贵能与青年调和"。[25]青年和老人各有特点、各有长处："若为青年，则当鼓舞其活泼畅旺之气力，为社会攉除其沈滞之质积；若为老人，则当运用其稳静深沈之体验，为社会整理其善良之秩序。"[26]可以这样说，当李大钊说"青年与老人之于社会，均为其构成之要素，缺一不可，而二者之间，尤宜竭尽其所长，相为助援，以助进社会之美利，文明之发展"的时候，[27]他实际上是把青春激情和成熟理性看做是对中华民族重新焕发青春必不可少的两种宝贵的精神资源。

在这方面，李大钊关于国人"尚情而不尚理"和"任力而不任法"的毛病的批评，[28]尤其是梁漱溟关于中国文化既"幼稚"又"老衰"的问题的反省，值得专门提一下。梁漱溟像李大钊一样一再强调要"以理服人"而不是"以力服人"，并以中国有一个"最爱讲理"[29]传统而感到自豪，但他并不因此而回避对传统文化的批判反思。他说中国文化"时或显露幼稚"[30]，是指个人自主少，而可笑迷信多。他又说中国文化有"老衰"的问题，[31]是指原本极富生趣的礼俗制度，因历史太久，生趣渐薄，而逐渐丧失内在精神、变得顽固强硬。从某种意义上，我们在日常生活中有时会看到的那些现象，或者是不懂得基本的行为规范（如随意抛物、随口骂人），或者是不屑于坚守正面的价值理想（如随遇而安，甚至随波逐流），常常还是两种毛病兼具一身，大概也可以列入这种"幼稚老衰综合征"的范畴。

笼统地说，青春梦想和成熟理性对于中华腾飞缺一不可：没有"梦想"的"理性"是消极而乏味的，没有"理性"的"梦想"是盲目而狂躁的。具体地来说，在特定的时期，对特定的人群，哪个缺少，哪个就更加重要。党中央提出的"不动摇、不懈怠、不折腾"的要求，可以从这个角度得到更加深刻的理解：只有怀抱青春梦想，才能"不懈怠"；只有理性平和，才能"不折腾"；只有把梦想和理性结合起来，才能"不动摇"，才能坚定不移地去追求科学理想，追求那些经过理性论证的理想目标。

注　释

[1]《语文（义务教育课程标准实验教科书）》四年级，上册，人民教育出版社 2004 年版，第 123 页。

[2]周恩来：《题词书赠郭思宁》，《周恩来早期文集》（上卷），中共中央文献研究室、南开大学编，中央文献出版社、南开大学出版社 1997 年版，第 3 页。

[3]毛泽东：《中国人从此站立起来了》，《毛泽东文集》第 5 卷，中共中央文献研究室编，人民出版社 1996 年版，第 343 页。

[4]同上书，第 343 页。

[5]新华社北京 2012 年 11 月 17 日电。

[6]《中国人从此站立起来了》，《毛泽东文集》第 5 卷，第 344 页。

[7]毛泽东：《纪念孙中山先生》，《毛泽东文集》第 7 卷，中共中央文献研究室编，人民出版社 1999 年版，第 157 页。

[8]李大钊：《狱中自述》，《李大钊文集》第 5 卷，中国李大钊研究会编注，人民出版社 2006 年版，第 230 页。

[9]李大钊：《〈晨钟〉之使命——青春中华之创造》，《李大钊文集》第 1 卷，中国李大钊研究会编注，人民出版社 2006 年版，第 167 页。

[10]李大钊：《青春》，《李大钊文集》第 1 卷，第 188 页。

[11]同上书，第 191 页。

[12]《〈晨钟〉之使命——青春中华之创造》，《李大钊文集》第 1 卷，第 170—171 页。

[13]《〈少年中国〉的宣言》，《少年中国》第一卷第三期，1919 年 9 月 15 日，卷首页。

[14]李大钊：《"少年中国"的"少年运动"》，《少年中国》第一卷第三期，1919 年 9 月 15 日，第 1 页；《李大钊文集》第 3 卷，中国李大钊研究会编注，人民出版社 2006 年版，第 11 页。

[15]《狱中自述》，《李大钊文集》第 5 卷，第 230 页。

［16］李大钊:《史学与哲学——在复旦大学的演讲》,《李大钊文集》第4卷,中国李大钊研究会编注,人民出版社2006年版,第166页。

［17］李大钊:《今》,《李大钊文集》,第2卷,中国李大钊研究会编注,人民出版社2006年版,第192页。

［18］《青春》,《李大钊文集》第1卷,第188页。

［19］鲁迅:《致曹聚仁（330603）》,《鲁迅全集》第12卷,人民文学出版社2005年版,第401页。

［20］鲁迅:《〈守常全集〉题记》,《鲁迅全集》第4卷,人民文学出版社2005年版,第538页。

［21］梁漱溟:《答美国学者艾恺先生访谈记录摘要》,《梁漱溟全集》,第8卷,中国文化书院学术委员会编,山东人民出版社1993年版,第1150页。

［22］《孟子·公孙丑上》。

［23］李大钊:《暴力与政治》,《李大钊全集》,第2卷,第175页。

［24］同上书,第175页。

［25］李大钊:《青年与老人》,《李大钊全集》,第2卷,第32页。

［26］同上书,第32页。

［27］同上书,第32页。

［28］李大钊:《立宪国民之修养》,《李大钊全集》,第1卷,第314、315页。

［29］梁漱溟:《中国文化要义》,《梁漱溟全集》第3卷,山东人民出版社1990年版,第241页。

［30］同上书,第285页。

［31］同上书,第285、286页。

中国人为什么选择了马克思主义？ *

  马克思曾经谈论过共产主义与英国和法国的感觉唯物主义的密切联系，说不难看出，唯物主义的一些看法，如关于人性本善和人们天资平等的看法，关于经验、习惯、教育的万能的看法，以及关于外部环境对人的影响、关于工业的重大意义，关于享乐的合理性等等学说，同共产主义和社会主义之间有着必然的联系。[1]

  恩格斯曾经谈论过共产主义与德国古典哲学之间的密切联系，认为德国工人同欧洲其他各国工人相比的头一个优越之处，在于德国在欧洲是一个最有理论修养的民族，并认为这与德国哲学的传统，特别是黑格尔哲学，有密切关联，否则的话，德国的科学社会主义，是绝不可能创立的。[2]

  同样，马克思主义虽然产生于 19 世纪中叶的欧洲，却在 20 世

  * 本文的基础是作者于 2013 年 7 月 26 日在国家汉办（孔子学院总部）的讲演，以及作者于 2013 年 11 月 23 日在北京大学儒学与马克思主义研讨会上的发言。

纪初被一个东方文明古国的一批知识分子所接受，并逐渐成了这个国家的执政党的指导思想，其间也可能存在着民族心理和文化气质方面的重要原因。

对中国人接受了马克思主义这样一个具有世界历史意义的思想文化现象，大概可以做以下五个方面的解释。

第一，马克思主义是一个尖锐批判西方的西方理论；中国人既佩服西方成就又痛恨西方傲慢，马克思主义因此就对中国人具有了特殊的吸引力。对中国人接受马克思主义的这段精神旅程，读过毛泽东《论人民民主专政》一文的，都会留下深刻印象。

针对这种情况，今天在中国做一个好的马克思主义者，要善于超越中国与西方的简单对立，既避免崇洋媚外，也避免恐西仇外，抱着中国对人类的高度负责的精神，把对西方的现代化成果的学习，与对西方的现代性的弊端的批判，有机结合起来。

第二，马克思主义是一个用现实主义进行论证的理想主义理论，主张在客观事实的基础上论证和实现人类价值；对一个致力于在现代科技世界实现古代"天下"理想的民族来说，马克思主义因此具有特殊的感召力。仅仅像前面所说马克思主义是批判西方的西方理论，还不够解释为什么中国人接受了马克思主义。事实上，20世纪初来中国做真人旅行或思想旅行的西方思想家，如罗素、杜威、柏格森、倭铿以及托尔斯泰等人，他们对中国人的吸引力，很大程度上也可以从他们是"批判西方的西方理论"这个角度去理解。比如罗素，他来自西方，在中国尖锐批判西方，赞扬中国，但毛泽东在 1921 年 1 月写给蔡和森的信中对罗素的评价却是："罗素在长沙演说，……主张共产主义，但反对劳农专政，谓宜用教育的方法使有产阶级觉悟，可不至要妨碍自由，兴起战争，革命流血。……我对于罗素的主张，有两句评语，就是'理论上说得通，事实上做不到'。"[3]毛泽东为什么会转向马克思主义，确切些说转向列宁主义版本的马克思主义，在这里可以得到一个很好的解释。

在我看来，马克思主义在当代世界之所以依然有很强的生命力，与马克思主义理论依然不仅有理想性、而且有科学性有高度关联。马克思主义既充分肯定资本的文明化趋势，又深刻揭示资本的文明化趋势的内在限度，这就有利于我们今天发挥好资本的作用，同时又批判资本主义及其导致的各种危机，比如美国哲学家南希·弗雷泽所说的金融危机、生态危机，尤其是资本主义经济的文化前提的再生产危机。一方面，马克思主义告诉我们，从人和自然的关系来说，资本内在地要求"探索整个自然界，以便发现物的新的有用属性"，要求"采用新的方式（人工的）加工自然物，以便赋予它们以新的使用价值"[4]；从人和他人的关系来说，为了扩大消费范围，资本也促使"普遍地交换各地不同气候条件下的产品和各种不同国家的产品"，使得社会成员不仅普遍地占有自然界，而且普遍地占有社会联系本身；不仅克服把自然神化的现象，而且克服民族界限和民族偏见；从人自身来说，为了扩大消费范围，资本内在地要求

"发现、创造和满足由社会本身产生的新的需要"。[5]另一方面，马克思主义又告诉我们，资本的不断突破"限制"的概念规定，不仅以"限制"的不断重新产生作为前提，而且内在地包含着自我否定的因素：资本作为"力图超越自己界限的一种无限制的和无止境的欲望"，[6]其"概念规定"即内在本质，决定了它要不断发展生产力，不断把生产力发展的任何现有界限当作必须克服的限制，而在资本主义所有制条件下，生产力的发展却意味着工人的贫困化趋势、资本的平均利润率下降趋势，尤其明显的是资本主义条件下全社会范围的生产过剩趋势。从马克思以后的资本主义发展的现实来看，为了克服全社会范围的生产过剩趋势，资本主义生产方式内在地要求消费主义文化从一种特殊群体的文化现象变成全社会的普遍文化，从人们的行为方式变成社会的构成原则，从而几乎无止境地把人文资源（人性价值）和生态资源（环境和能源）转变成为经济资源。马克思主义所表达的那种价值和理想，如人（活劳动）支配物（死劳动）、自由个性和真实集体相统一，每个人的自由发展是一切人的自由发展的前提等等，尤其是体现这种价值和理想的社会实践，是对资本的文明化趋势的否定之否定，是利用资本的文明化趋势而抵制其野蛮化危险的观念基础。在当代语境中理解马克思有关资本文明化趋势及其内在限制的论述，我们可以这样说："社会主义市场经济"这个概念中的两项，社会主义与市场经济，它们的结合非但不是市场经济的另类，反而可以说是市场经济避免片面的极端的发展，避免陷入不可逆的危机，从而获得持续生命的一个转机：恰恰是尊重人文价值和生态价值的社会主义，才有希望去抑制市场经济内部那颗终将导致其自我毁灭的火种。

针对这种情况，在今天的中国做一个好的马克思主义者，应该把社会理想与社会现实结合起来，实现两者之间的"反思平衡"：在坚持社会主义理想的同时充分利用资本的文明化趋势，在充分利用资本的文明化趋势的同时重视用体现社会主义的实践去克服这种"文明化"趋势的内在限度，防止其变成野蛮化力量。

第三，马克思主义是一个以"一切神圣的东西都被亵渎了的"[7]为特征的时代中的"神圣"理论；对一个以"内在超越"或"内向超越"为文化特征的民族，马克思主义因此具有特殊的亲和力。

说资本主义社会中"一切神圣的东西都被亵渎了"，是马克思、恩格斯在《共产党宣言》所做的一个重要判断，这个判断比尼采说出"上帝死了"更早，也更深刻，为社会学界后来有关"理性化"的论述提供了更加准确的铺垫。这个判断虽然是就资本主义社会而下的，但资本主义社会是迄今为止最典型的现代社会；马克思对资本主义社会的描绘，也可以看作是对包括社会主义社会在内的整个现代社会的精神状态的描述。当毛泽东说"共产党员对任何事情都要问一个为什么"[8]的时候，他是一个典型的现代思想家。而与这种现代性相联系的世俗性，其实与中国文化的"极高明而道中庸"

的传统，与中国人的那种把"立德、立功、立言"作为获得不朽的现实途径的心态，一脉相承。这种传统一旦在现代化过程中经受住考验，就从某种意义上说比其他思想传统更适合为世俗化条件下的理想主义提供文化心理基础。中共创始人李大钊说："人生本务，在随实在之进行，为后人造大功德，供永远的'我'享受，扩张，传袭，至无穷极"[9]；中共普通党员士兵雷锋说："人的生命是有限的，可是，为人民服务是无限的"[10]；中共中央总书记习近平最近也说："每个人的工作时间是有限的，但全心全意为人民服务是无限的"。[11] 各方面相差那么大的中国共产党人的这些观点，其实都是把马克思主义的科学理论与中华民族的世俗理想主义或内在超越精神结合起来，以此来回答"一切神圣的东西都被亵渎"的情况下如何坚守神圣理想的问题，以及在"任何事情都要问一个为什么"的语境中如何维持终极价值的问题。

面对这种情况，在当代中国做一个好的马克思主义者，要努力把世俗性和精神性统一起来，既避免否定世俗价值的异想天开，如我们在"文革"中看到的那样，也避免只顾眼前的物质主义，如改革开放以来值得我们高度重视的一些社会问题所显示的那样。

第四，马克思主义从某种意义上说是一种超越理论的理论，赋予前理论或非理论的人类活动以高于理论的地位；对于一个既高度实用又崇尚理性的民族来说，马克思主义因此具有特殊的说服力。

中华民族有一个强大的实用理性传统，这是许多学者都说过的，但这样说的时候，往往把重点放在"实用理性"之为"实用"理性，而不是"实用理性"之为实用"理性"。但正如冯契论证过的，与西方人相比，中国人更重视自由行动的"自觉原则"而非"自愿原则"，更努力于从"自觉"转到"自愿"，因此中国人的实用理性之为理性主义的一种，也值得高度重视。这种传统的一个现代表现，是当代中国政治文化中的那种特别重视理论学习、特别强调思想教育、特别要求做好思想工作、从思想认识上解决问题的现象。毛泽东曾经说过"严重的问题是教育农民"[12]；其实从他的一贯思想和实践来看，严重的问题不仅是教育农民，也是教育全民，其中包括（甚至首先是）党员、干部和知识分子。当然，在中共历史上，这种理论学习和思想教育的内容有时候是非常不"实用"的；尤其在其晚年，当他要求学习"无产阶级专政下继续革命理论"的时候，中国的实用理性传统并没有发挥多少作用。

从这个角度来说，邓小平理论作为中国化马克思主义的代表是更加名副其实的。邓小平很喜欢用"常识"这个词；他对错误思想和实践进行批评时常说的话是"没有常识"！[13]但中国化马克思主义的一大特点，是赋予对常识的重视以理论的地位。比方说，当马克思说人类只有解决了吃穿住行的问题才能从事其他活动的时候，他是在诉诸日常生活的权威；而当江泽民在1992年底一次座谈会上引用马克思的这段话的时候，[14]他恰恰是在诉诸理论（马克思主义理论）的权威。当毛泽东说要实事求是的时候，他是在诉诸实践的权威，但当"实事求是"被当成毛泽东思想、尤其是邓小平理论的核心的时候，"实事求是"之所以重要，又恰恰因为它是一个理论的要求。

面对这种情况，在当代中国做一个好的马克思主义者，我们要在理论与常识之间建立起反思平衡，既避免理论脱离实际，脱离实践，也避免思想满足于常识，局限于经验。为此，我们要高度重视对现实问题的实证研究和理论思考，高度重视研究现实问题的远程背景和远程后果，高度重视把实证研究和理论思考结合起来。

第五，马克思主义是一种批判理性主义的理性主义，在很大程度上满足了自信能够用自己的"理性"传统来克服西方的"理智"优势的中国人的现代心理。

前面所说的马克思对西方的自我批判，也是一种理性的自我批判：1843 年马克思在致卢格的一封信中说："理性向来就存在，只是不总具有理性的形式"[15]，在我看来是这种"自我批判"宗旨或"内在批判"精神的最精辟论证。马克思认为，既然理性的概念实质和理性的存在形式之间存在这样的矛盾，批评家就可以"把任何一种形式的理论意识和实践意识作为出发点，并且从现存的现实特有的形式中引申出作为它的应有和它的最终目的的真正现实"。[16]在我看来，马克思的"理性向来就存在，只是不总是具有理性的形式"这个命题，比恩格斯高度重视的黑格尔《法哲学原理》中的那个命题，"凡是现实的都是合乎理性的，凡是合乎理性的都是现实的"[17]，更加明确地表达了这样一个意思：理性的概念是应该实现的理想，但理性的现实状态是应该批判的对象。

值得注意的是，马克思所关注的对立，不仅是理性的概念和理性的现象之间的对立，也是两种理性概念之间的对立。马克思所说的理性的方式，vernünftigen Form，可以翻译为 rational form，也可以翻译为 reasonable form。前者大致相当于梁漱溟先生所说的"理智"，我把它理解为"有办法"，后者大致相当于梁漱溟先生所说的"理性"，我把它理解为"讲道理"。如果仅仅把理性理解为"有办法"而不是"讲道理"的话，就难怪法兰克福学派第一代主要代表霍克海默尔会有"不可能从理性中引出反对谋杀的根本性论据"[18]这样的骇人说法。

梁漱溟先生在其生前未发表的书稿《中国：理性之国》中说，从恩格斯在《社会主义从空想到科学的发展》的论述可知，社会主义本来是与启蒙运动的理性主义一脉相承的，而以"理性早启"为特征的中国文化，则不仅曾经对欧洲启蒙思想家产生过重要影响，而且可能更适合于解决本该由"理性"而非"理智"来解决世人皆有而当代社会越来越突出的社会生活问题和精神生活问题。由此，他得出结论说："在进入共产社会问题上，今后中国人所可能较易者，他方社会殆未必然也。"[19]

面对这样的局面，在当代中国做一个好的马克思主义者，应该努力发扬中国人的"讲道理"的传统，而虚心学习西方人的"有办法"的传统，把"讲道理"与"有办法"结合起来，用一种全面的理性主义来克服片面的理性主义，同时又致力于依靠建设一个理性的社会的实践活动，来解决有关什么是理性、如何讲道理、为什么要讲道理等等理论问题。这些问题现在之所以在理论上成为问题，很大程度上是因为我们的社会现实离一个普遍讲理的"理性社会"的距离还很远。在一个普遍讲道理的社会里，"为什么要讲道理"这个问题在从理论上被提出来之前，就在很大程度上已经在实践中被解决了。正是在这个意义上，马克思说重要的不是解释世界，而是改变世界；[20] 正是在这个意义上，马克思主义不仅有可能引入"讲道理"为主要文化传统的中国，而且有必要引入中国，引入这个把"讲道理"很大程度上只当做是一件与个人修养有关，而与社会改造和制度建设关系不大的国家。

注　释

［1］《神圣家族》，《马克思恩格斯全集》第 2 卷，中共中央编译局编译，人民出版社 1965 年版，第 166—167 页。

［2］《〈德国农民战争〉序言》，《马克思恩格斯选集》第 2 卷，1975 年版，第 300 页。

［3］毛泽东：《致蔡和森等》(1920 年 12 月 10 日)，《毛泽东书信选集》，人民出版社 1983 年版，第 5 页。

［4］《马克思恩格斯全集》第 30 卷，人民出版社 1995 年版，第 389 页。

［5］同上书，第 389 页。

［6］同上书，第 297 页。

[7]《共产党宣言》,《马克思恩格斯文集》第 2 卷,人民出版社 2009 年版,第 35 页。

[8]《毛泽东选集》第 1～4 卷,人民出版社 1991 年版,第 827 页。

[9]李大钊:《今》,《李大钊文集》上,人民出版社 1984 年版,第 535 页。

[10]《雷锋日记》,解放军文艺出版社 1963 年版,第 59 页。

[11]《习近平谈治国理政》,外文出版社 2014 年版,第 5 页。

[12]《毛泽东选集》第 1～4 卷,第 1477 页。

[13]详见《理论和常识之间的"反思平衡"——为纪念邓小平百年诞辰而写》,发表在《解放日报》2004 年 8 月 26 日"观点"栏目。

[14]江泽民:《高度重视农业、农村、农民问题》,《江泽民文选》第 1 卷,人民出版社 2006 年版,第 258 页。

[15]《马克思致阿尔诺德·卢格(1843 年 9 月)》,《马克思恩格斯文集》第 10 卷,中共中央编译局编译,人民出版社 2009 年版,北京,第 8 页。

[16]同上书,第 8 页。

[17]《路德维希·费尔巴哈和德国古典哲学的终结》,《马克思恩格斯文集》第 4 卷,中共中央编译局编译,人民出版社 2009 年版,第 268 页。

[18]Max Horkheimer and Theodor W. Adorno, *Dialectic of Enlightenment*, trans. J. Cumming, New York, 1972, p. 118.

[19]梁漱溟:《中国——理性之国》,《梁漱溟全集》第 4 卷,中国文化书院学术委员会编,山东人民出版社 1991 年版,第 481 页。

[20]马克思的《关于费尔巴哈的提纲》的最后一条即第十一条:"哲学家们只是用不同的方式解释世界,问题在于改变世界。"《马克思恩格斯文集》第 1 卷,中共中央编译局编译,人民出版社 2009 年版,第 502 页。

乐观的责任与智慧 *

今年的十月一日清晨,大约11万名各地民众冒雨来到天安门广场,观看国庆节的升国旗仪式,场面隆重。但升旗仪式结束后,广场上留下了5吨垃圾,令人遗憾。

类似的场面我今年春节和几位朋友携家人一起在南方自驾旅游的时候,也曾有所见。一路上,常看见有垃圾从前面行驶的车窗往外扔出;经过一些严重堵车而后疏通的路段,则可以发现刚刚消失的巨大停车场,已经变成了大型垃圾场。在上海,驾车族乱扔垃圾的情况虽不多见,但乱鸣喇叭的现象却屡见不鲜。在我家小区,前面有车停着让人下车、取物,只要稍过片刻,后面的车辆,就会频频按响喇叭;楼下不远处的马路上,一长溜汽车等着交通灯由红转绿的时候,往往也就是不同频率的喇叭声此起彼伏的时候……

＊ 本文为作者于2013年10月26日在上海浦东梅赛德斯—奔驰文化中心所做的"听道讲坛"演讲的讲稿,后刊于《哲学分析》2014年第2期。

这样的情况看得多了，听得久了，一些人会因此而麻木，一些人则会越来越心烦。1995 年上海曾出台"七不"规范，要求市民不随地吐痰、不乱扔垃圾、不损坏公物、不破坏绿化、不乱穿马路、不在公共场所吸烟、不说粗话脏话，将近 20 年过去了，这些情况还远没有消失。日常生活中的不文明行为虽然不像媒体曝光的虐婴案、家暴案和弑亲案那么触目惊心，却因为它们发生的频率高，离我们的距离近，而更容易让我们郁闷。

再看看那么多影响我们生活品质的常见现象，我们更没有理由乐观了。我们有什么理由乐观呢？年轻人说，房价那么高，收入那么低，升学那么难，求职更加难，我们有什么理由乐观呢？年长者说，环境那么污染，官员那么腐败，文化那么低俗，人心那么浮躁，我们有什么理由乐观呢？

是啊，让我们乐观的理由好像确实不多。你说国庆节首日天安门广场的垃圾去年 8 吨，今年 5 吨，应该高兴才对啊，我说那是粉饰现状、甘于落后；你说腐败问题已引起高度重视，案件揭露多恰恰表明惩治力度大，我说那是头脑简单，轻信宣传。你说中国的 GDP 全球第二、教师的公众尊敬程度全球最高、学生的国际评估成绩名列榜首，我说那你看看人均收入的国际排名呢，看看清廉指数的国际排名呢，看看世界一流大学的国际排名呢，看看那么大一个国家离诺贝尔科学奖还有多大距离呢？是啊，想到这些排名和距离，我们确实没有多少理由乐观！

但我们到底有没有理由乐观呢？这看你怎么理解"乐观"一词了。如果你把乐观仅仅看作是一种心情，一种触景而生、有感而发的心情，那乐观是不需要理由的。但乐观不仅是一种心情，而且是一种判断，一种对现状和未来的评价，而判断和评价就需要理由。

而且，对别人的评价与对自己的评价不一样。当我们问有没有理由乐观的时候，我们是在问，我们对自己的现状或未来的乐观判断，有没有理由？

我们之所以要做这样或那样的判断，是因为我们总要有所行动，总要有所选择。在我看来，在所有的选择当中，最为合理的，那就是让今天比昨天更好，使明天比今天更好。人的肉体生命有自然周期，也有不测风云，但人的精神生命则可以作不懈追求、有不断成长。邓小平说，发展是硬道理；约翰·杜威说，成长是硬道理。

发展和成长是硬道理，乐观也就成了硬道理。当我们在讨论有没有理由乐观的时候，当我们为有哪些理由乐观而反复思索的时候，当我们为没有多少理由乐观而心情郁闷的时候，我们可能没有想到，我们越是证明没有理由乐观，我们其实就越证明了有理由乐观；乐观的最重要理由，恰恰是客观上让我们乐观的理由并不多！

常识告诉我们，人都是要死的；科学告诉我们，地球和太阳系的生命都是有限的；哲学告诉我们，人类哪怕真有与生俱来的"天地之性"，我们后天所具的"气质之性"，也都是浑浊不清的。但是，恰恰因为客观上让我们乐观的理由不多，我们如果不想让自己的悲观雪上加霜的话，除了乐观我们别无选择；正是在这个意义上，乐观不仅是一种态度，而且是一种责任。

有朋友说，就算乐观是一种责任，而且我也不想推卸，但是，我就是乐观不起来，你有什么办法让我乐观一点吗？

于是，我就要谈谈乐观的智慧了，乐观不仅是一种责任，它还是一种智慧。

乐观的第一条智慧：成事在天，成人在己。

人生在世，最基本的问题无非是三个："有什么东西"、"做哪类事情"、"是何种人格"，分别对应于任何语言当中大概都是最基本的三个动词："有"、"做"和"是"。

从道德的角度来说，最直接的问题是关于"做"什么的问题。但在现实生活中，这种"做哪类事情"的问题，我们常常会把它转化为"有什么东西"的问题：我科研作弊，经商逃税，会不会被人发现，会不会受到惩罚，会受到什么样的惩罚？或者，我为官清廉，执法严明，群众有没有好评，领导会不会表扬，组织是否会加以重用……

值得我们警惕的是，当我们只考虑自己的行为会带来什么好处或坏处的时候，我们或许忘记了一个更重要的问题，有关"是何种人格"的问题，有关我们将成为什么样的人的问题：我们的行为即使旁人全无所知，但我们自己，也就是做这件事或那件事情的那个人，是一目了然的。我们做了好事未必得善报，做了坏事未必遭厄运，但我们如果长时期做某个方向的事，迟早会成为某种类型的人，这才是最为公正，也可以说是最为严厉的人生判决！

有句话大家都熟悉：谋事在人，成事在天；我想再加上一句：成事在天，成人在己。成就事业需要天时地利，而成就人格则首先取决于我们自己；我们如果有心向善，出污泥也可以不染；我们如果无意戒恶，近朱者也可能变黑。

从这个角度来看，《论语》当中别人对孔子的那句评价，"知其不可而为之者"，看似指责，实为赞誉。从"成事"的角度来看，挟泰山以超北海，潜河底而捞明月，极不理性。但是，从"成人"的角度来看，夸父追日，愚公移山，则含有深意。

在《史记》中，司马迁说他对孔子无比景仰，"虽不能至，然心乡往之"（《史记·孔子世家》）。司马迁明知孔子的人格他高不可及，但他并不因此而放弃学习。结果呢，司马迁对这个"不可至"的理想人格的"心向往之"，虽然并没有使他成为孔夫子，却使他成了司马迁，成了那位含垢忍辱、究际通变的千古"史圣"。如此伟大的人格成就告诉我们，在人生这出大剧当中，我们自己才是真正的编剧和导演。

乐观的第二条智慧是：分清范畴，转换视角。

范畴是哲学家研究的重要对象，也是每个人都要用的思维工具，用来分析和理解各种问题、各种对象。我们以腐败现象为例做点说明。

想到各行各业那么普遍的腐败现象，我们往往不仅愤怒，而且无奈。最让我们乐观不起来的，是这种无奈之感。从经济转型到价值多元，从市场诱惑到坏人作祟，从制度不严到监管不力，从传统腐朽到世风不良，腐败现象背后有多少因素在起作用啊！这些因素不消失，腐败就很难根除，甚至连我们自己，也很难洁身自好。

这种忧虑不无道理，但我们或许还应该看到，腐败现象背后的这些因素，都只是腐败的原因，而不是腐败的理由。

理由与原因都属"缘由"，但它们是两个根本不同的范畴："原因"总会造成结果，不管我们是否愿意，而"理由"则只适用于人的有意选择的活动。

腐败的原因再多，也只能被用来解释社会的腐败现象何以产生、某人的腐败品质如何形成；而对每一个有行为能力、有自由意志的人们来说，腐败的原因再多，也只能通过自己的选择而发生作用，而这种选择只能说明你是要为自己的行为负责任的，却不能说明你的所作所为都是有理由的。

找出腐败的原因很重要，有助于对腐败从源头治理。但是，用腐败的原因来解释自己的腐败行为，无异于对自己的行为能力和自由意志的自我否定；把腐败的原因误认作腐败的理由，从理论上说是混淆了两个不同的范畴；从实践上说，则是丢弃了一个能帮我们抵制同流合污的思想手段。

因此，面对腐败现象我们应该愤怒，但不必无奈；腐败纵然有千百个原因，它也决没有一条理由，如果每个憎恨腐败的人们都认识到这一点，那么，对整个社会的风气改善，我们还是可以抱乐观期待的。

分清范畴有助于我们在失落当中找到希望，转变视角则有助于我们在阴影背后看到光明。有一次我从外省一个景区飞回上海，看到旁边座位上一位郊区老农，居然把一口痰吐在了客舱的地板上。有钱坐飞机了还随地吐痰！看到这种情况我非常生气。但后来我转念一想，我们的同胞还没有来得及改掉随地吐痰的习惯，就有钱坐飞机旅游了，这不恰恰从一个侧面表明，国人的生活改善有多快吗？

同样，世界上有几个国家，在那么短时期内，会出现那么多全家第一代飞机乘客、全村第一批出国游客？他们在文化上还没有相应准备，经济上就已经能周游列国了；他们还没有来得及对古埃及文明有起码了解，就有条件到卢克索神庙的浮雕上写"到此一游"了……

这种换消极为积极的视角转换，并不是把别人的批评拒之门外。恰恰相反，适当地转换视角，倒可以使我们在他人批评面前更加坦然，更加从善如流。从一个角度看，别人怎么老说中国不好啊，为什么不说说我们的好呢！换一个角度看，别人老说中国不好，或许恰恰是因为，中国的好，现在已经用不着多说了。

我想与大家分享的第三条乐观的智慧是：由今视昔，连点成画。

人生过程中的"今""昔"关系、今天与过去的关系，有两种理解。一种是"以昔解今"，用过去解释现在，用过去的原因解释现在的结果；一种是"由今视昔"，用现在解释过去、从现在的语境出发去理解过去事件的意义。

过去的事件像是一本书，有待于人们在不同语境当中加以阅读，做出理解。假设有两个人，少年时都曾经流浪街头，但一位长大后成了作家，一位成年后沦为囚犯。流浪街头的少年经历对两人后来的生活都有影响，这种影响都属于前因而后果；但这种因果说明只是考察问题的一种思路，是自然科学和实证社会科学的典型思路。我们还可以用另一种思路来考察问题：从后来的经历来反观从前的经历，依据今天的状况来理解昨天的状况。很显然，同样是少年流浪街头，在作家的回忆中和在囚犯的回忆中，其意义是大不相同的。

借用乔布斯的一个说法，connecting the dots，意思是"连点成线"，或者"连点成画"：先前发生或经历的事件，它们的意义取决于我们后来把它们同什么样的事件相连接。人生经历就像一幅图画，它由一个个点所构成，同样的点，可以出现在一幅漂亮的图画当中，也可以出现在一幅丑陋的图画当中，而这两幅画的作者都是我们自己，因为那一个个点，就是我们自己用言行在人生的大布上涂抹出来的。

关键在于，人生轨迹中的后面的点虽然不能改变前面的点的存在和内容，却能改变前面的点的性质和意义。我们之所以可以乐观，一个重要理由就是，哪怕已经发生了遗憾之事，甚至灾难事件，它们在我们个人经历和集体历史当中的意义，也是开放的，而不是封闭的；是进行时，而不是完成时。

因此，在卢克索神庙的浮雕上刻写"到此一游"这件事的意义，很大程度上取决于此类事发生的多少年以后，中国游客在海外会有怎样的表现。成功人士的荒唐少年，伟大人物的颓废青春，往往会使他们的个人传记和回忆录增色不少；我希望，几年或几十年以后，走出中国大门的，是世界上最有教养的游客群体；到那时，卢克索神庙的浮雕涂刻事件，会被人们作为一段有趣历史的生动情节而笑着提起，而不再像现在那样让我们遗憾和羞愧……

相信这样的前景，并且为实现这种前景做出最大的努力，这就是我对"乐观"的理解；它既一种责任，也是一种智慧。

谢谢大家。

提升中国梦背后的精神力量 [*]

习近平主席在阐述"中国梦"的时候，强调要实现中国梦，就必须弘扬中国精神。根据我的理解，这里所说的"中国精神"，既包括以爱国主义为核心的"民族精神"，也包括以改革创新为核心的"时代精神"，既包括绵延几千年的古老中华优秀传统，也包括超过一个半世纪的现代中国先进文化。要弘扬这种意义上的中国精神，我们不仅要对中国精神作认真提炼，而且要对中国精神作不断提升。简言之，我们要从中国发展的时代高度出发来理解和诠释中华民族的精神传统，要在实现中国梦的过程中发扬和提升中国精神。

---

* 本文是作者于 2013 年 12 月 7 日在上海召开的"中国梦的世界对话"国际研讨会上的发言的基础，刊于《解放日报》2013 年 12 月 21 日。

一、中国发展的精神资源

改革开放以来我国取得了举世瞩目的发展成就，在这些成就背后，中华民族的优秀的精神传统和精神品质发挥了重要作用。用哲学的术语来说，这些传统和品质有的主要涉及行动的主体，有的主要涉及主体的行动，有的涉及既显示了行动主体的特点，也显示了主体行动的特点。

从行动的"主体"的角度来看，中国有一个"尚贤的民本主义"的传统，也有一个"重情的团体主义"，前者涉及人与人之间的纵向关系，后者涉及人与人之间的横向关系，两者都对中国发展发挥了关键的作用。中华民族有"天视自我民视、天听自我民听"的古训，也有尊师重道、尊贤使能的美德，为我们今天把人民利益本身当做处理人民与其领袖和政府之间的关系的依据，提供了重要启发。目前全党正在进行加强群众观念的教育实践活动；其实，正如"党群关系"、"干群关系"这些说法所提示的那样，"群众观念"的另一面恰恰是"先锋意识"：要求党员和干部想群众之所想，急群众之所急，忧群众之所忧，恰恰是要求党员和干部继先锋之传统、履先锋之使命、增先锋之荣誉。中华民族也有"老吾老以及人之老，幼吾幼以及人之幼"的观念，以家庭亲情作为起点展开出一种以人伦真情为基础的的共同体意识，而不是把团体的巩固或者建立在宗教信仰的基础上，或者建立在法律条文的基础上。这种文化为我们在今天形成一种既克服传统信仰冲突、又避免现代社会异化的人际关系，提供了宝贵资源。一方面，"人民对美好生活的向往，就是我们的奋斗目标"；另一方面，"国家好，民族好，大家才会好"。[1] 习近平总书记用朴素语言表达的，是深谙中国智慧的治国理念。

从主体的"行动"的角度来看，中国有一个"务实的理想主义"的传统，也有一个"辩证的理性主义"的传统，它们对解决行动过程中的目的和手段之间的关系，具有十分重要的意义。无论是国家发展战略，还是个人成长规划，无论是工程论证，还是工作方案，都需要在目的与手段的结合当中对目的和手段进行选择：缺乏有效手段的目的再崇高也是一纸空文；缺乏正当目的的手段再先进也是南辕北辙。中华民族在两千多年前的所谓"轴心时代"与诸多其他古老文明并立于世但独树一帜，我们的先哲们很早就思考有限与无限的关系、相对与绝对的关系、现实与理想的关系，同时又对这些关系做了"内在超越"而非"外在超越"的理解。基于这样一个传统，中华民族不把人间与天堂对立起来，也不把抽象原则和具体规则割裂开来，而相信通过日常世界的世俗努力就可以达到超凡入圣的不朽境界，也重视普遍的天理人情要通过特定的礼俗规矩而落实于具体场合和特殊角色当中，这些思想传统都有助于现代社会中对行动目的和行动手段的关系问题的合理解决。

　　中华民族还有一个可称为"好学的世界主义"的传统,它既涉及行动的主体,也涉及主体的行动,对于我们在全球化时代理解中国的发展,具有特别重要的意义。中华民族历来胸怀天下,悦近来远,但同时求知若愚,求贤若渴:孔子把"有志于学"作为自己人生故事的最重要起点(子曰:"吾十有五而志于学,三十而立,四十而不惑,五十而知天命,六十而耳顺,七十而从心所欲不逾矩",《论语·为政》),他的学生们把"学而时习之"作为儒家第一经典的首条教训(子曰:"学而时习之,不亦说乎?有朋自远方来,不亦乐乎?人不知而不愠,不亦君子乎?",《论语·学而》)。以这种学习精神而非传教心态为基础的"天下"观念,为我们把民族自豪感与全球责任感统一起来,把毛泽东所说的"中国人从此站立起来"与他说的"中国应当对人类有较大的贡献"结合起来,为我们形成如邓小平所说的"以中华民族一员的资格,而成为世界的公民"[2]的那种现代意识,积极参与全世界各国人民共同的集体学习过程,提供了十分重要的民族心理依据。

　　在一定意义上,我们可以把"中国梦"这个提法的提出和倡导,本身也看做是中国人面向世界、善于学习的一个重要证据。按照汉语的传统用法,"梦"或"梦想"常常具有负面含义,如"南柯一梦"、"庄生梦蝶"、"醉生梦死"、"白日做梦"等等。在毛泽东的著作中,出现"梦"字的地方,除了《红楼梦》、"蒋梦麟"、"如梦令"等专有名词以外,大多含消极意味,如"农民在乡里造反,搅动了绅士们的酣梦"[3],"帝国主义的侵略打破了中国人学西方的迷梦"[4],等等。但是,从 1963 年 8 月马丁·路德·金的著名讲演,到今年 4 月美国《时代》周刊发表的本年度 100 个世界上最有影响人物的简要介绍,"梦想"一词都经常被用来表达人们对美好未来的大胆想象和奋力追求。用一个在当代世界语境中广泛使用并有良好传播效果的用词来表达中国人具有鲜明民族性格的理想和追求,本身就是这里所说的"好学的世界主义"的一个重要表现。

二、中华精神的"中道"传统

"中国梦"是对中国之未来的理解,而这种理解是我们对中国之为中国的理解——也就是"中国观"——的扩充和深化。常有人把中国与"中央帝国"联系起来,但那是对中国之为"中"国所做的最简单的空间上的理解。李大钊在解释"中华"之为"中"的时候,不仅指出"中者,宅中位正之谓也"[5]这层意思,而且提出要在时间上深切体会"时中之旨":"旷观世界之历史,古往今来,变迁何极!吾人当于今岁之青春,画为中点。"[6]也就是说,在过去、现在和未来这三个时间向度中,要以居于中间的今天为起点,一方面超越过去,另一方面创造未来。这样一种充满理想又脚踏实地的"中国观",应该是"中国梦"的重要内容。

就我们在上文概括的中华民族精神五个特征而言，我们不仅应该对中国之为"中"国做时空上的全面理解，我们还应该对它做义理上的全面理解。上述五条有一个共同特点，那就是其中每一条都包括了两个因素：尚贤和尊民，重情和为公，务实和理想，辩证方法和理性精神，为我之学和天下主义；在每一条当中，两个因素都看似对立，充满张力，但恰恰又彼此共存，互为补充。其实，中华精神的最美妙之处，就在于这种两极相通、对立统一的辩证思维，这种不偏不倚、无过无不及的健全心理。中华民族有五千年悠久历史却依然生机盎然，虽经历无数坎坷却依然充满自信，与这种辩证思维和健全心理有极重要关联。我们今天思考如何实现中国梦的过程中发扬中国精神，应该把这种辩证思维和健全心理放在特别重要的位置上：中国梦，说到底是"中道之国"的梦。

古人曾有言："中者，天下之正道也。"[7] 这里所说的"道"，在当代哲学家冯契看来，是区别于"意见"和"知识"的"智慧"的核心："意见是'以我观之'，知识是'以物观之'，智慧是'以道观之'。"[8] 为了树立一个真正有智慧的"中国观"，把这种"中国观"作为"中国梦"的核心，我们必须克服"以我观之"的"中央帝国"心理，而形成"以道观之"的"中道之国"意识。在"以我观之"的立场上，每个民族都有理由把自己视作世界的中心，但这只是我们形成健全的自我认同的出发点，而不是它的归宿点。要超越一己意见和无我知识而达到"天下为公"的宏大智慧，必须"以道观之"。

但必须指出，"以道观之"并非对"以我观之"和"以物观之"的简单否定。在这里尤其要防止把"以道观之"和"以我观之"截然对立起来。每个民族要追求"以道观之"，其出发点都只能是"以我观之"，而任何民族要真正达到"以道观之"的境界，都不能忽视其他民族的"以我观之"：在这个利益多元、文化多样而又冷暖一体、生死与共的世界上，平等互信、包容互鉴、合作共赢是唯一可行的共处之道，也是唯一可行的自存之道。这意味着，我们不仅要克服直接从"以我观之"出发的自我中心主义，而且要克服把某个特定的"以我观之"误解为"以道观之"的自我中心主义。为实现真正超越"以我观之"境界的"以道观之"，这里所说的"以道观之"之"道"就不能是自以为是、自说自话的"天道"，而是将心比心、设身处地的"人道"，确切些说是中国各族同胞和世界各国人民平等对话基础上形成的理解和共识。

1957 年 11 月 6 日，毛泽东在苏联最高苏维埃庆祝十月革命四十周年会上说："建立一个没有人剥削人的社会，曾经是世界上的劳动人民和进步人类千百年来的梦想。"[9] 2013 年 3 月，习近平在访问美国期间说，中国梦要实现国家富强、民族复兴、人民幸福，是和平、发展、合作、共赢的梦，与包括美国梦在内的世界各国人民的美好梦想相通。[10] 从毛泽东到习近平的这个传统告诉我们，"同一个世界，同一个梦想"被确定为 2008 年在中国首都举行的国际奥运会的主题口号，并非偶然。

三、在实现中国梦的过程中提升中国精神

在强调"中国梦"与对立统一的"中道"传统之间的密切联系的同时，我们也必须看到，维持中道、避免极端，并不是一件容易的事情。回顾中国历史，包括中国近现代历史，思想片面，行动偏激，从一个极端走向另一个极端，这样的情况可以说并不少见。意识到这一点，是在实现中国梦的过程中真正发扬中国精神的必要前提。比方说，为了珍惜"尚贤的民本主义"的文化，我们不能忘了，"严重的问题是教育农民"曾经为"一大二公"的空想实验提供铺垫，"群众是真正的英雄"则曾经被"造反派"的打砸抢行为用作借口。为了发挥"重情的团体主义"的积极作用，我们也要重视，"君君臣臣、父父子子"的纲常曾经使封建王朝显得天经地义，"一人得道，鸡犬升天"的心理依然可以解释当代社会的许多腐败现象。为了坚持"务实的理想主义"，我们既要避免"宁要社会主义的草，不要资本主义的苗"这样的荒唐，也要拒绝"宁可坐在宝马里哭，而不愿坐在自行车上笑"这样的庸俗。为了守护"辩证的理性主义"，我们既要记取"以理杀人"的残酷教训，也要克服"见庙就拜"的糊涂思维。为了继承"好学的世界主义"的传统，我们既要克服

"怀柔远人"的帝国姿态,也要批判"全盘西化"的殖民心理,更要警惕在"王侯将相宁有种乎"、"彼可取而代之"之类的古人话语和"三十年河东、三十年河西"之类的现代说法背后,可能都隐藏着的一种极端等级主义基础上的极端平均主义。中国今天虽然已经成为全球第二大经济体,但仍要继续解决"发展不足"的问题、努力克服"发展不当"的问题、有效应对"发展不稳"的问题,在这样的时刻,防止极端等级主义和极端平均主义这两个极端,尤其是防止这两个极端的混合,不仅对国内语境中实现国家富强、民族复兴、人民幸福的中国梦,而且对国际范围内实现和平、发展、合作、共赢的中国梦,都极为重要。

从这个意义上说,在实现中国梦的过程中大力发扬中国精神,同时意味着在这个过程中努力提升中国精神。在这方面,毛泽东的有关论述可以给我们提供重要启发。在 1935 年,毛泽东写道:"我们中华民族有同自己的敌人血战到底的气概。有在自力更生的基础上光复旧物的决心,有自立于世界民族之林的能力。"[11] 全面抗战开始以后,毛泽东在《论持久战》中强调中国抗战的正义性,强调中国共产党及其领导下的军队的进步性,以及广大中国人民的已经觉悟和正在觉悟,用这些事实来批判亡国论。毛泽东指出:"历史积累下来的腐败现象,虽然很严重地阻碍着人民抗战力量增长的速度,减少了战争的胜利,招致了战争的损失,但是中国、日本和世界的大局,不容许中国人民不进步。"[12] 毛泽东一方面承认"由于阻碍进步的因素即腐败现象之存在，这种进步是缓慢的"，但另一方面也坚信，"……我们是在革命战争中，革命战争是一种抗毒素，它不但将排除敌人的毒焰，也将清洗自己的污浊"。[13] 承认自己有不足，甚至身上有"污浊"，既不因为这种不足和污浊而怀疑我们有自力更生、振兴中华的能力，也不因为民族尊严感和自豪感而放弃对中国的传统文化和民众思想的批判和改造，这是中国革命的前辈们留给我们的宝贵精神遗产。对中国进行物质和精神的两面改造、致力于建设"灵肉一致的少年中国"（李大钊语）[14]，使中国人民彻底走出"哀其不幸"、"怒其不争"（鲁迅语）[15] 的麻木状态，彻底结束"毫无意义的示众的材料和看客"（鲁迅语）[16] 的不幸历史，真正实现"以勇敢而勤劳的姿态工作着，创造自己的文明和幸福，同时也促进世界的和平和自由"[17] 的伟大目标（毛泽东语）。革命前辈的这种追求和境界，本身也应该被看做是在实现中国梦的过程中应当大力发扬的中国精神的重要内容。

从这个角度来看，党的十八大以前几个重要文件中提出、十八大报告重申的"加强和改进思想政治工作，注重人文关怀和心理疏导，培育自尊自信、理性平和、积极向上的社会心态"的主张，十八届三中全会提出的"创新劳动关系协调机制，畅通职工表达合理诉求渠道"和"增强法律文书说理性，推动公开法院生效裁判文书"等具体要求，尤其是"在党的领导下，以经济社会发展重大问题和涉及群众切身利益的实际问题为内容，在全社会开展广泛协商，坚持协商于决策之前和决策实施之中"的部署，具有特别重要的意义。中国古人很早就强调摆事实、讲道理，很早就主张"理义悦心"、以理服人，而不是以势压人、"以力服人"。从这个角度看，说"理性精神"是"中国精神"的核心内容，当不为过。但我们也应该看到，恰恰是推崇这个传统、主张继承这个传统的李大钊，却曾在民国初年针对当时政界乱象指出，国人往往有"尚情而不尚理"和"任力而不任法"的毛病。[18] 1950 年，担任西南军区政治委员的邓小平曾把"蛮不讲理"作为"西南党内不良倾向"之一；[19]在 1983 年，邓小平在阐述党在组织战线和思想战线上的迫切任务的时候，明确反对"以势压人，强词夺理"的作风，要求"无论是开会发言、写文章，都要进行充分的说理和实事求是的科学分析"。[20] 要精确地认定李大钊在近一百年前提出的批评、邓小平在新中国建立初期和改革开放前期指出的问题在今天有多大的针对性，还需要做更加深入的实证研究；但经验和直觉告诉我们，中华民族的理性传统，是我们要下很大的力气才能真正得到发扬和提升的。理性和梦想，如我在别处也曾论证过的，是中华腾飞过程中缺一不可的精神两翼，而这里所说的"理性"不仅是指"工具理性"意义上的"有办法"，而且是指具有价值理性内涵的"讲道理"。在现代化的过程中，一方面向西方学习大力发展科学技术，从而在解决实际问题时更加"有办法"；另一方面用古人智慧精心培育人文精神，在处理人际关系时更加"讲道理"，这既是对中华民族的理性传统的继承，也是对整个中华民族传统的提升。

中华民族创造了辉煌的古代文明，也展现了光明的未来前景。为了实现民族复兴中国梦，我们必须大力发扬中华民族优秀传统，而这同时也意味着，我们要以高度负责的精神对民族传统进行提炼和提升：中国人民的寻梦之旅，只能是中华民族的进步之路。

注　释

［1］习近平：《实现中华民族伟大复兴是中华民族近代以来最伟大的梦想》，《习近平谈治国理政》，外文出版社 2014 年版，第 36 页。

［2］《邓小平年谱》，中共中央文献研究室编，中央文献出版社 2004 年版，第715 页。

［3］毛泽东：《湖南农民运动考察报告》，《毛泽东选集》第 1 卷，人民出版社1991 年版，第 15 页。

［4］毛泽东：《论人民民主专政》，《毛泽东选集》第 4 卷，人民出版社 1991 年版，第 1470 页。

［5］李大钊：《青春》，《李大钊文集》第 1 卷，中国李大钊研究会编注，人民出版社 2006 年版，第 188 页。

［6］同上书，第 188 页。

［7］语出北宋程颐，见《河南程氏遗书卷第七》，程颢、程颐：《二程集》，王孝鱼点校，中华书局 1981 年版，第 100 页。

［8］冯契：《智慧》，《冯契文集·智慧的探索·补编》第 9 卷，华东师范大学出版社 1998 年版，第 3 页。

［9］《毛泽东文集》第 7 卷，中共中央文献研究室编，人民出版社 1999 年版，第 312 页。

［10］习近平：《构建中美新型大国关系》，《习近平谈治国理政》，外文出版社

2014 年版，第 279 页。

　　［11］毛泽东：《论反对日本帝国主义的策略》，《毛泽东选集》第 1 卷，第 161 页。

　　［12］毛泽东：《论持久战》，《毛泽东选集》第 1 卷，第 457 页。

　　［13］同上书，第 457 页。

　　［14］李大钊：《"少年中国"的"少年运动"》，《少年中国》第一卷第三期，1919 年 9 月 15 日，第 1 页；《李大钊文集》第 3 卷，中国李大钊研究会编注，人民出版社，2006 年，北京，第 11 页。

　　［15］鲁迅：《摩罗诗力说》，《坟》，《鲁迅全集》第 1 卷，人民文学出版社 2005 年版，第 82 页。

　　［16］鲁迅：《〈呐喊〉自序》，《鲁迅全集》第 1 卷，第 439 页。

　　［17］毛泽东：《中国人从此站立起来了》，《毛泽东文选》第 5 卷，人民出版社 1996 年版，第 343 页。

　　［18］李大钊：《立宪国民之修养》，《李大钊全集》第 1 卷，第 314、315 页。

　　［19］1950 年 6 月 6 日邓小平在中共重庆市第二次代表大会上说："今天的不幸情况，恰恰是有些共产党员不学习不运用共同纲领。党外人士把共同纲领背得烂熟，在讨论工作和政策时，能够引经据典，充分说理。而我们的一些共产党员却往往瞠目不知所对，有的甚至最后拿出蛮不讲理的本事来。试问，这还说得上领导吗?"邓小平：《克服目前西南党内的不良倾向》，《邓小平文选》第 1 卷，人民出版社 1994 年版，第 157 页。

　　［20］邓小平：《党在组织展现和思想展现上的迫切任务》，《邓小平文选》第 3 卷，人民出版社 1993 年版，第 47 页。

凡俗生活与理想境界 *

我今天要讲的"凡俗生活与理想境界"，包括三个含义："凡俗时代"中的生活与理想境界，"凡俗人群"的生活与理想境界，"凡俗活动"时刻的生活与理想境界。我们的问题是：这三种意义上的凡俗生活，与理想境界有矛盾吗？凡俗生活当中，可以并且应当追求理想境界吗？

一、凡俗时代有没有超越理想

"凡俗"是"神圣"的反义词；说我们的时代是"凡俗的时代"，

---

* 此文的基础是 2014 年 4 月 12 日在《文汇讲堂》的讲演，经过编辑后以《以"敬"成就凡俗生活中的理想境界》为题刊登在 2014 年 4 月 17 日的《文汇报》"文汇讲堂"专版上。

就是说我们的时代不是"神圣的时代"。

什么叫"神圣的时代"呢？就是"神圣者"或"神圣的力量"、"神圣的事物"在社会当中占无可怀疑的主导地位的时代。意识到在我们平凡的人们之上还有不可亵渎的神祇存在，在我们平凡的世界之上还有至高无上的天国存在，是德国哲学家卡尔·雅斯贝斯所说的公元前 600 年左右的"轴心时代"[1]发生的事情。

"轴心时代"所出现的这种世界"神圣化"，在现代遭遇了重大挑战。现时代被马克思称作"资产阶级的时代"，并指出"这个曾经仿佛用法术创造了如此庞大的生产资料和交换手段的现代资产阶级社会，现在像一个魔法师一样不能再支配自己用法术呼唤出来的魔鬼了"。[2]

有意思的是，资产阶级之所以能够"仿佛用法术创造了如此庞大的生产资料和交换手段"，恰恰是因为在它的精神文化中出现了一个反对"法术"、否定"魔法师"的变化。用《共产党宣言》的话来说，"一切神圣的东西都被亵渎了"。[3]七十年以后，德国社会学家马克斯·韦伯用一个后来更流行的术语来形容这种变化："祛魅"。[4]

加拿大哲学家查尔斯·泰勒在前几年出版的一本书中对"凡俗时代"做了三种解释：政治生活与宗教信仰相分离，众多民众与宗教信仰相分离，宗教信仰与唯一信仰的确定性相分离。[5]泰勒说他写《凡俗时代》就是为了讨论这第三种意义上的"凡俗时代"。这个时代的特征，我们或许可以用史蒂夫·乔布斯临终前说的"我对上帝的信仰是一半一半"[6]来描述：在凡俗时代依然有不少人认为自己是真心信神的，但就这一点他们常常不仅要说服别人，而且要说服自己。

对这种情况，德国哲学家尼采有一个不仅惊世而且骇俗的说法："上帝死了！"他写于1882年到1886年的一本书中借一个"疯子"之口说："上帝死了！永远死了！是咱们把他杀死的！……从未有过比这更伟大的业绩，因此，我们的后代将生活在比至今一切历史都要高尚的历史中！"[7]

从思想史上来看，欧洲人用来"杀死"上帝的武器，叫理性。理性这个武器在康德和在他之前的启蒙思想家那里，被用来批判基督教神学中为上帝存在所做的各种论证；在从达尔文到霍金的许多自然科学家那里，则被用来自觉或不自觉地对有关上帝创世和上帝造人的宗教信条从科学上加以釜底抽薪。于是，在理性的法庭面前，大多数人只能眼睁睁地看着上帝放弃他存在的权利。

上帝放弃存在权利以后，用上帝来支撑宏大理想也就不再有效。接下来怎么办呢？我们能否把理性自己作为宏大理想的依据呢？在1516年出版《乌托邦》的托马斯·莫尔之后，18世纪的启蒙思想家，19世纪上半期的空想社会主义者或"乌托邦社会主义者"，都是想用"理性"来取代"上帝"作为社会的权威。

但问题在于，理性自身也要受理性的批判。理性精神的典型形式，是毛泽东在 1942 年对共产党员提出的那个要求："对任何事情都要问一个为什么"。[8]"对任何事情都要问一个为什么"会问出什么结果出来呢？大家看看最近十来年国外出版的这几本书的书名就明白了：《如果上帝死了，一切就都被允许吗？》《为什么要努力成善？》《为什么要有孩子？》《吃人错在哪里？》。美国哲学家理查德·罗蒂虽然持鲜明的左翼政治立场，但却说他作为哲学家并不认为对"为什么不能残酷"这个问题有一个不自我循环的回答。[9]

为什么会出现这种情况呢？一个原因，是理性只被等视作一种批判的方法。作为一种批判的方法，理性只具有破坏作用，而没有建设作用，尽管你可以说"不破不立"，但只有批判的话，结果只能是破而不立。

当然，理性不仅可以是一种破坏的方法，它也可以是一种建设的工具，帮助我们达到既定的目标。但问题在于，这种意义上的理性，所谓"工具理性"，它至多能告诉我们什么样的目的是不能追求的，但并不能告诉我们什么样的目标是应该追求的。我们的手机上大概都装了 GPS，这可能是工具理性的最新最不可思议的成就了，但 GPS 虽然能准确告诉我们在哪里，却并不能告诉我们去哪儿。

工具理性不仅是不够的，还可能是过分的；它非但无法告诉我们应该追求什么样的目标，它如果被用于实现邪恶目的的话，还会是一种非常危险的力量，被用来更高效地杀害无辜、破坏环境。

因此，局面就是这样：上帝被理性赶下台了，而理性仅仅作为一种批判的方法和实现目的的手段，它并不能代替上帝来支撑目的、支撑理想。

但是人总是有精神需要的，总是要有超出物质欲望、社会规范和个人私情的精神追求。从正面来说，如鲁迅所说，"人类总有一种理想，一种希望。虽然高下不同，必须有个意义"；[10]或套用汉娜·阿伦特的观点，人生是一个大故事，[11]很多人会希望自己的整个人生能成为一个更加华丽的宏大叙事的精彩篇章。从负面来说，如马克思所说，被压迫生灵需要用精神鸦片来麻痹自己的痛苦；[12]或者如毛泽东所说，在科学不发展不普及的情况下，老百姓要用龙王菩萨作为他们的"保险公司"。[13]因此，面对"上帝死了"所造成的信仰危机，后来又加上理性的自我批判所造成的理性危机，似乎就只能是重新进入一个"多神教"时代才不至于惶惶不可终日：干脆还是转向自己碰巧遇到或努力找到的神祇，作为自己的信仰对象。在这种情况下，违反法律甚至违背人性的新兴邪教，极端主义的宗教观，以及"做戏的虚无党"现象，很容易出现。

二、凡俗人群要不要追求理想？

在中国讨论凡俗生活与理想境界的关系，不仅要考虑西方所主导的整个世界的现代化进程的精神特点，而且要考虑以一个明确主张科学无神论的政党作为执政党的中国社会的精神特点。中国共产党的指导思想是区别于"空想社会主义"的"科学社会主义",其哲学基础是辩证唯物主义和历史唯物主义,而唯物主义常常被理解为"物质主义"——在英文中,这两者是同一个词,而与之对立的"唯心主义",在英文中则与"理想主义"是同一个词。因此,一个唯物主义者能不能同时也是一个理想主义者,就成了一个无法回避的问题。套用毛泽东在1957年说的"彻底的唯物主义者是无所畏惧的"[14] 和在1956年说的"人是要有一点精神的"[15] 这两句话:"彻底的唯物主义者"能不能"有一点精神"?

对这个问题,我们在大学甚至中学的哲学课上,已经了解过了:物质也能以人类生命,包括人类精神生命的方式存在;属于物质的大脑产生属于精神的思想观念,并不像是肝脏这种物质分泌胆汁这另一种物质那样,而是像刀刃这个物质实体具有锋利这种特定功能一样。

其实,毛泽东所说的"有一点精神"的"精神",并不是相对于物质的那个精神,而是相对于我们所承担的改造世界的任务的那个精神,也就是改造世界的那种愿望,以及实现愿望的那种决心。唯物主义不仅认为世界是物质的,而且认为物质是变化的,而变化是有规律的,所以,关键的问题不是"彻底的唯物主义者能不能有一点精神",而是"彻底的唯物主义者要不要有一点精神?"或者说,当我们在根据必然规律改造客观世界的时候,"有一点精神"是否必要？

回答这个问题，我们可以把《共产党宣言》说的"资产阶级的灭亡和无产阶级的胜利是同样不可避免的"[16]中的"不可避免"这个说法，与"2061年哈雷彗星不可避免地会进入地球观察的范围中"这句话中"不可避免"这个说法，做一个比较。这两个说法有区别吗？如果没有区别，"有一点精神"似乎就没有必要。

从某种意义上说，还真没有什么区别。任何规律，它的实现，其实都是有条件的。当我们说，2061年哈雷彗星必然到来的时候，我们其实是假定"如果在这之前哈雷彗星没有撞到其他天体的话"，甚至我们还假定"如果人类在这之前既不认为有必要，也不实际上有能力来改变哈雷彗星的运行轨道的话"。所有客观规律，其实都可以表述为"如果……那么……"这样一个句子：如果太阳晒，那么地面温度就提高；如果雾霾严重，那么呼吸道发病概率就增加。说规律具有必然性，是指分别以"如果"和"那么"开头的两个句子所描述的事态之间，具有确定的关系，而不是说某件事情无条件地必然会发生。客观世界充满着可能性，最后实现的是其中的一部分可能性，因为它们具备了条件：地面温度提高了，如果太阳晒的话；呼吸道发病率增加了，如果雾霾严重的话。就这点而言，人类社会与自然界没有区别。

但是，人类社会当中所发生的事情，多数是人参与其中的，而人是会在各种可能性当中自觉地做出选择的。自然界的变化现在也有人类参与其中了，比如气候的冷暖、水量的多少，但在人类出现之前，在人类加以干预之前，自然界的变化虽然也有无数种可能性，其中却并不包括人类选择这一项。但人类社会的变化，则取决于人在各种变化的可能性当中进行的选择，取决于人们是不是做选择、做什么样的选择。既然如此，人有没有精神，有什么样的精神，对于未来社会是什么样的，当然就有重大影响。

因此，彻底的唯物主义者"有一点精神"不仅是可能的，而且是必要的。当马克思、恩格斯写"资产阶级的灭亡和无产阶级的胜利是同样不可避免的"的时候，他们是把有关历史可能性的历史规律性认识和有关人类价值的精神追求结合了起来。换句话说，共产主义作为一种理想，是以现实中诸种可能性之一作为基础的，而共产主义理想能否实现，取决于我们对这些可能性有怎样的认识和评价，采取怎样的选择和行动。马克思之所以要批判资本主义，是因为资本虽然具有他高度肯定的"文明化趋势"，但一旦成为"主义"，则会因为它所拥有的那种巨大能力，那种把人文价值和生态价值变成经济价值的巨大能力，而成为可怕的野蛮力量。但我们不要野蛮，要文明，不要人吃人的社会，要人人自由幸福的社会。对这些价值和理想，空想社会主义者说了好多，在马克思看来其实那是不够的，甚至是不必的，因为关键是实现这种理想的历史条件和社会力量是不是具备，怎样才能具备。只有把握了有关这种历史条件和社会力量的知识，社会主义才能从空想变成科学。但说社会主义或共产主义是科学的，并不是说共产主义是那种不管我们怎么想、怎么做都一定会实现的理想目标。毛泽东讲，"前途是光明的，道路是曲折的"。[17] 这种信念很合理，但有条件，条件就是我们不仅"有一点精神"，而且"有许多精神"，当然还要加上如果我们运气不太坏的话。相反，如果运气太差，尤其是如果我们太缺乏精神，太不努力了，前途很可能就很不光明。我们经常说的"忧患意识"、"危机意识"，根据就在这里。

但是，问题还有更加复杂的一面。一方面，我们有"铁肩担道义、妙笔写文章"[18]、"宁愿向刽子手的屠刀走去，不愿屈服"[19]的李大钊烈士和瞿秋白烈士这样的前辈，这样具有可歌可泣的精神和理想的彻底的唯物主义者；与他们为伍、做他们的后代，是我们义不容辞的责任，也是我们要格外珍惜的荣誉。但另一方面，我们也知道，不管是谁家的精神，哪怕是彻底唯物主义者的精神，如果量级达到蔑视客观规律的地步，如果方向出现无视民生甚至践踏人性的迹象，就会给同胞、给人类带来破坏，甚至是巨大的灾难。就在毛泽东说"人是要有一点精神的"这句话的两年之后，在他说"彻底的唯物主义者是无所畏惧的"这句话一年以后，出现了"大跃进"，刮起了"共产风"。1981 年 6 月 27 日中共中央十一届六中全会通过的《关于建国以来党的若干历史问题的决议》中说：

由于对社会主义建设经验不足，对经济发展规律和中国经

112

济基本情况认识不足，更由于毛泽东同志、中央和地方不少领导同志在胜利面前滋长了骄傲自满情绪，急于求成，夸大了主观意志和主观努力的作用，没有经过认真的调查研究和试点，就在总路线提出后轻率地发动了"大跃进"运动和农村人民公社化运动，使得以高指标、瞎指挥、浮夸风和"共产风"为主要标志的左倾错误严重地泛滥开来。

这段话是党中央的政治判断，但也值得我们在思考哲学问题时作认真考量。"大跃进"以及后来的"文革"等等乌托邦实验的失败，是仅仅说明了理想的实现条件不具备，还是对理想的内容本身我们要做重新评价，或者是我们对理想与手段之间的关系要做更加复杂深刻的理解？在那些年头，为了"跑步进入共产主义"，为了"红色江山千秋万代不变色"，校园里的炼钢小高炉把一件件金属制品当做原料变成了渣滓，农田里垒砌了几米厚的稻谷是要放出亩产十万斤的"卫星"，"文革"期间的红卫兵和造反派对从共和国主席到劳动模范、从学校领导到普通学生施行的人格侮辱和人身迫害……什么样的崇高理想才能使这样的野蛮和荒唐变得可以理解、可以饶恕？把这样的野蛮和荒唐作为代价的理想，还是崇高的吗？或至少，在什么意义上仍然是崇高的？基于这样的经历，我的老师冯契先生，于76岁时（1991年8月19日）在给友人的一封信中写道：

现实走着自己的路，是个必然王国。人的理想面对着现实，往往被碰得粉碎，变成像流星那样，一闪即逝；或者算是实现了，却变了形，完全不是原来所想象的那样。原封不动地实现的理想是很难找到的。即使如此，人还是需要理想。这是人的尊严所在。[20]

问题是，"被碰得粉碎"的理想，为什么还能给人以尊严？为追求理想而付出的代价，怎样才不算过高？

三、凡俗活动能不能蕴含理想？

"凡俗生活"不仅可以理解为凡俗时代中人们的生活、凡俗人群的生活，而且可以理解为所有人——不管是不是宗教徒——在从事凡俗活动时刻的生活。所以，现在让我们来谈谈凡俗活动能不能蕴含理想的问题。

讨论凡俗活动与理想境界的关系问题，不仅因为凡俗活动是"凡俗生活"的一个方面，而且是因为我们作为中国人，不仅生活在凡俗时代，不仅接受凡俗人群的领导，而且我们的文化传统的世俗化程度历来就很高，历来远远高于其他高级文明的民族的文化传统。中国人很早开始就不把人世与天国，此岸与彼岸截然对立起来，不指望通过超脱这短暂的污浊的尘世来达到永恒的圣洁的天国。用学术语言来说，中国传统文化虽然像其他"轴心文明"一样很早就系统思考绝对和相对的关系、无限和有限的关系、永恒与瞬间的关系、超越和内在的关系，但从很早开始，中国人就一直认为绝对就在相对当中、无限就在有限之中、永恒就在瞬间当中、超越理想就内在于这个世界的凡俗活动当中。

北京大学的汤一介先生对中国文化传统的这种"内在超越"的哲学理念做了精辟的概括："如果说以'内在超越'为特征的儒家学说所追求的是道德上的理想人格超越'自我'而成'圣'，以'内在超越'为特征的道家哲学所追求的则是精神上的绝对自由，超越'自我'而成'仙'，那么，以'内在超越'为特征的中国禅宗则是追求一种瞬间永恒的神秘境界，超越'自我'而成'佛'，就这点说禅宗仍具有某种宗教的形式。"[21]

也就是说，儒释道尽管进路不同，但殊途同归，都有助于中国人过良好生活。记得几年前去贵州考察，到过一个古镇叫屯堡，那里有一个三教寺，始建于明代，寺庙大门上的对联写着："信佛信道信儒即信善　思名思利思德不思邪"。进门一尊大肚弥勒佛，对联写道："身坐三教寺笑口欢颜可为观者解闷　手提香布袋少米无钱依然大肚宽肠"。再往里，有这样一副对联："儒讲忠恕能孝能廉能仁能义不愧儒裔　佛本慈悲戒杀戒道戒贪戒妄方为佛子"。

这几副对联都是从劝善戒恶的角度，从道德的角度，用老百姓也能理解的语言，来解释中国文化的儒释道传统的共同要求。从哲学上说，三教如果仅仅起劝善戒恶的作用，则还没有发挥其作为宗教的作用，还没有使人与雅斯贝斯所说的"超越者"发生关联，或与中国哲学家冯友兰先生所说的"天地境界"发生关联。

冯友兰先生的"人生境界说"，认为人生可以有四重境界，"自然境界"、"功利境界"、"道德境界"、"天地境界"，是对中国文化的这种思想传统的系统而精致的表达。[22] 冯友兰的"境界说"有三个要点值得关注。

第一是强调达到"天地境界"的人的行为的"内在性"。在冯友兰看来，在日常生活中遵守同样的规则，可以是不知不觉的（自然境界），可以是工于算计的（功利境界），可以是在遵守"人道"（道德境界），也可以是在遵守"天道"（天地境界）。在日常生活中也可以达到天地境界，冯友兰说就是古人所说"极高明而道中庸"的意思。

第二是强调达到天地境界的人的行为的"自觉性"。在冯友兰看来，哪怕是自己并不愿意遵守的规则，只要认识到它属于人道，甚至天道，我们也会自愿地去遵守它。冯友兰的学生冯契曾批评这种观点的知命忍从色彩太强，而主张道德行为不仅要符合理性的"自觉原则"，而且要符合意志的"自愿原则"。

第三是强调达到天地境界的人的行动的"道德性"。在冯友兰看来，人只能通过道德境界才有可能进入天地境界。与爱因斯坦主张通过艺术和科学的活动而"进入客观知觉和思维的世界",享受那里"似乎是为永恒而设计的宁静景色"[23]的观点相比,冯友兰显然是继承了中国古人把"立德"看做是"不朽"的首要条件(其次才是"立功"和"立言")的传统。[24]这种传统在李大钊[25]、胡适[26]等不同政治倾向的现代中国思想家那里,也有深刻影响。

其实,全面地说,通往"天地境界"的确实可以不仅是"道德境界",而且是"科学境界"和"艺术境界"。道德活动追求"善"的价值,科学活动追求"真"的价值、艺术活动追求"美"的价值,它们都可以成为进一步通往更高价值领域的阶梯,这个更高的价值领域,宗教徒称作"天国"或"涅槃",我们则叫做"自由"或"自由王国"。

虽然不同类型的活动会侧重追求实现不同的价值,因此而有不同特点的理想。但严格地说来,任何一个理想,或者说我们称得上是理想的愿望和想法,如果是合理的话,都在不同程度上包括了真善美的价值,因为它必须反映世界的实际可能(真),要符合人的正当需要(善),要具有吸引人、激励人的魅力(美)。

其实,通过追求真善美而达到自由境界的活动主体不局限于道德圣贤、科学巨匠和艺术大师,而完全可以是普通的劳动者。孔子说自己七十岁才达到的那种"从心所欲不逾矩"(《论语·为政》)的境界,在《庄子》中庖丁解牛时"奏刀騞然,莫不中音"、"恢恢乎其于游刃必有余地"(《庄子·养生主》)的状态中,也可以看到。

117

庖丁在解释自己如何达到这种境界时说，"臣之所好者道也，进乎技矣"，这句话精辟地表明了普通劳动与人类其他创造性活动达到"天地境界"所共有的关键途径，那就是通过凡俗的功夫或"技"达到超越的境界即"道"。

这里特别要强调的是，在这种由"技"而"道"的过程中，活动者都要有一种我们在道德圣贤、科学巨匠、艺术大师和优秀劳动者那里都能找到的同样的态度，那就是认真的态度，或中国哲学家所说的"敬"的态度。

孔子的弟子樊迟问仁，孔子说："居处恭，执事敬，与人忠；虽之夷狄，不可弃也。"（《论语·子路》）在孔子那里，"执事"的"事"，常常是"事君"、"事亲"甚至"事鬼神"的"事"，但后世儒学强调"事"的一般意义，特别是程颐，提出"涵养须用敬，进学则在致知"（《二程遗书·尹川先生语四》），把"敬"提到十分重要的位置上来。对此朱熹给予高度评价，并说："如今看圣贤千言万语，大事小事，莫不本于敬。"（《朱子语类十二》）

确实，做事是否认真，不仅决定了我们会做成什么样的事情，决定了房屋装饰是否美观，墙上油画是否挂歪，甚至屋顶会不会漏水，大楼会不会倒塌，而且决定了你对所做事情做什么理解，或者说你给这件事情什么样的意义；说到底，是决定了，至少是显现出，你对生活的理解，你愿意过什么样的生活，你是一个什么样的人。

我们可以从这个角度来理解毛泽东的另一句名言，也是他对于共产党人的一个要求："世界上怕就怕'认真'二字，共产党就最讲认真。"[27]

"共产党最讲认真"，"共产党员对任何事情都要问一个为什么"，毛泽东说的这两句话，应该放在一起，细细品味。

"对任何事情都要问一个为什么"，是对"凡俗时代"的特征的最好描述。"最讲认真"，是对凡俗时代当中、在凡俗生活当中的达到理想境界的精神条件的最好概括。

在凡俗生活中守护理想并努力实现理想，我们必须既有批判精神，也有认真态度，用"批判精神"来防止"认真态度"变成走火入魔，走到独断主义和非理性主义那里去，同时也用"认真态度"来防止"批判精神"变成玩世不恭，走到相对主义和虚无主义那里去。

无论是批判精神，还是认真态度，都要与凡俗生活紧密结合，与健全常识紧密结合。一方面，已经有几千年文明积累的人类生活会告诉我们，"批判"和"认真"的界限在哪里，"批判"在何时会成为无知和无礼；"认真"在何处会成为痴迷和疯狂；不认真的批判与无批判的认真在何时会导致荒唐和野蛮。另一方面，如果人人都对自己的人生做批判的反思，对自己尤其是自己的后代到底要过怎么的人生、要生活在一个怎样的世界上，做认真的追问，哪怕是一个十足的混蛋，在这种认真的自我追问之后，恐怕也不至于得出太离谱的答案。

在这个意义上，凡俗生活与理想境界并不矛盾，独断主义和虚无主义之间的非此即彼、工具主义和空想主义之间的两难选择，并不是凡俗时代的命定处境。

注　释

[1] 在德国哲学家雅思贝斯（Karl Jaspers）看来，意识到在我们平凡的人们之上还有神圣者存在，在我们平凡的世界之上还有神圣的世界存在，是人的精神生活中的一个重大转折。就整个人类而言，他认为这样的转折发生在公元前 600 年左右。在那个时候，在中国、印度和西方三个地区，在彼此之间并没有任何了解的情况下，不约而同地出现了一些大宗教的创始人，他们都"整体的存在、自身和自身的限度。人类体验到世界的恐怖和自身的软弱。他探寻根本性的问题。面对空无，他力求解放和拯救。通过在意识上认识自己的限度，他为自己树立了最高目标。他在自我的深奥和超然存在的光辉中感受绝对"。[德] 卡尔·雅斯贝斯：《历史的起源与目标》，魏楚雄、俞新天译，华夏出版社 1989 年版，第 8—9 页。

[2]《共产党宣言》，《马克思恩格斯文集》第 2 卷，中央马恩列斯著作编译局编译，人民出版社 2009 年版，第 37 页。

[3] 同上书，第 35 页。

[4] 韦伯在著名的讲演《学术作为一种志业》中说道："我们知道或者说相信，任何时候，只要我们想了解，我们就能够了解；我们知道或者说相信，在原则上，并没有任何神秘、不可测知的力量在发挥作用；我们知道或者说相信，在原则上，通过计算，我们可以支配万物。但这一切所指唯一：世界的除魅。我们再也不必像相信有神灵存在的野蛮人那样，以魔法支配神灵或向神灵祈求。取而代之的，是技术性的方法与计算。"[德] 马克斯·韦伯：《韦伯作品集（I）：学术与政治》，钱永祥等译，广西师范大学出版社 2004 年版，第 168 页。韦伯的这个观点我们看看手上拿的手机或平板电脑就明白了，虽然里面可以装载算命软件或宗教经典，但手机或平板电脑的工作原理当中只有"技术性的方法与计算"，而没有神灵和魔法。

[5] Charles Taylor：*A Secular Age*, The Belknap Press of Harvard University Press Cambridge, Massachusetts, and London, England, 2007, pp. 1—3.

［6］［美］沃尔特·艾萨克森:《史蒂夫·乔布斯传》,管延圻等译,中信出版社 2011 年版,第 521 页。

［7］［德］尼采:《快乐的科学》,黄明嘉译,华东师范大学出版社 2007 年版,第 209—210 页。

［8］毛泽东:《整顿党的作风》,《毛泽东选集》第 3 卷,人民出版社 1991 年版,第 827 页。

［9］Richard Rorty: *Contingency*, *Irony*, *and Solidarity*, Cambridge University Press, 1989, p. xv.

［10］鲁迅:《我之节烈观》,《鲁迅全集》第 1 卷,人民文学出版社 2005 年版,第 129 页。

［11］［美］汉娜·阿伦特说:"某人之所以为某人的那个本质,只有当生命已逝、只留下一个故事的时候,才能形成。" Hannah Arendt: *The Human Condition*, The University of Chicago Press, Chicago, London, 1989, p. 193.

［12］马克思在《〈黑格尔法哲学批判〉导言》中说:"宗教里的苦难既是现实的苦难的表现,又是对这种现实的苦难的抗议。宗教是被压迫生灵的叹息,是无情世界的情感,正像它是无精神活力的制度的精神一样。宗教是人民的鸦片。"《马克思恩格斯文集》第 1 卷,中央马恩列斯著作编译局编译,人民出版社 2009 年版,第 4 页。

［13］毛泽东:《关于陕甘宁边区的文化教育问题》,《毛泽东文集》第 3 卷,人民出版社 1996 年版,第 120 页。

［14］毛泽东:《在中国共产党全国宣传工作会议上的讲话》,《毛泽东文选》第 7 卷,人民出版社 1999 年版,第 275 页。

［15］这是毛泽东在中国共产党第八届中央委员会第二次全体会议上的讲话（1956 年 11 月 15 日）中说的一句话,见毛泽东:《艰苦奋斗是我们的政治本色》,《毛泽东文选》第 7 卷,第 162 页。

［16］《共产党宣言》,《马克思恩格斯文集》第 2 卷,中央马恩列斯著作编译局编译,人民出版社 2009 年版,第 43 页。

［17］毛泽东:《致柳亚子（1945 年 10 月 4 日）》,《毛泽东书信选集》,人民出版社 1983 年版,第 261 页。

［18］李大钊书赠友人对联,《李大钊全集》第 1 卷,李大钊研究会编注,人民出版社 2006 年版。

［19］毛泽东:《为〈瞿秋白文集〉题词》(1950 年 12 月 31 日),《毛泽东文集》第 6 卷,人民出版社 1999 年版,第 128 页。

[20]《冯契文集》（增订版）第10卷，华东师范大学出版社2016年版，第313页。

[21] 汤一介：《儒释道与内在超越问题》，江西人民出版社1991年版，第49页。

[22] 冯友兰：《新原人》，《贞元六书》（下），华东师范大学出版社1996年版。

[23] 爱因斯坦在"探索的动机——在普朗克六十岁生日庆祝会上的讲话"中说："把人们引向艺术和科学的最强烈的动机之一，是要逃避日常生活令人厌恶的粗俗和使人绝望的沉闷，是要摆脱人们自己反复无常的欲望的桎梏。一个修养有素的人总是渴望逃避个人生活而进入客观知觉和思维的世界；这种愿望好比城市里的人渴望逃避喧嚣拥挤的环境，而到高山上去享受幽静的生活，在那里，透过清寂而纯洁的空气，可以自由地眺望，陶醉于那似乎是为永恒而设计的宁静景色。"《爱因斯坦文集》第1卷，许良英、范岱年编译，商务印书馆1976年版，第101页。

[24]《春秋·左传》："太上有立德，其次有立功，其次有立言，虽久不废，此之谓不朽。"

[25] 李大钊在1918年4月15日《新青年》上题为《今》的文章中写道："稍一失脚，必致遗留层层罪恶种子于未来无量的人，——即未来无量的我，——永不能消除，永不能忏悔。"他还说："吾人在世，不可厌'今'而徒回思'过去'，梦想'将来'，以耗误'现在'的努力。又不可以'今'境自足，毫不拿出'现在'的努力，谋'将来'的发展。宜善用'今'，以努力为'将来'之创造。由'今'所造的功德罪孽，永久不灭。故人生本务，在随实在之进行，为后人造大功德，供永远的'我'享受，扩张，传袭，至无穷极，以达'宇宙即我，我即宇宙'之究竟。"《李大钊全集》第2卷，人民出版社2006年版，第191—194页。

[26] 胡适在1919年2月15日《新青年》发表题为《不朽——我的宗教》的文章中说古人的"三不朽"观点比西方人的基督教的灵魂不灭说要更有说服力，但认为它只涉及圣人贤人，而忽视了多数人；只说了对有德有功有言者的奖励，而没有对造孽作恶者的制裁；并且对"功"、"德"、"言"语焉不详。然后胡适提出他的"社会不朽论"："个人的一切功德罪恶，一切言语行事，无论大小好坏，——都留下一些影响在那个'大我'之中，——都与这永远不朽的'大我'一同永远不朽。"胡适在此文中还引用了李大钊在《今》中的那段话。《胡适全集》第1卷，安徽教育出版社2003年版，第666页。

[27] 这是1957年11月17日毛泽东在莫斯科大学对我国留学生和实习生讲的话，见《毛主席在苏联的言论》，人民日报出版社1957年版，第15页。

冯先生的"不言之教"*

——第 30 个教师节之际的怀念

哲学界有两位"冯先生",一位是北京大学的冯友兰,一位是他的学生、华东师大的冯契。在上海,至少在华东师大,提到"冯先生",多半就是指冯契先生。作为冯契先生的学生,我曾经有幸在我的冯先生的带领下拜访过他的冯先生。一次与北京来的一位同仁相聚,我向他描述我在三松堂客厅入座后见到冯友兰先生的情形,"美髯飘逸的先生手持拐杖走下楼梯",他听了马上打断我,说他的冯先生家里,根本就没有二楼。

窘迫之余我很纳闷,为什么会有这样的记忆错误,大概是我对太老师只有这一次接触机会的缘故吧。基于亲身经历的记忆过于单薄,读过和听说的大量素材,就不知不觉地充填进来了。相比之下,

---

＊ 本文的基础是为筹备冯契先生百年诞辰纪念活动做的一些访谈和发言,经过压缩的文本刊于《中国教育报》2014 年 9 月 17 日。

我对另一位冯先生，对我自己的老师冯契先生，就不至于在那么重要的细节上出那么明显的差错了。因为，冯契先生不仅是我的老师，还是我的同事甚至邻居。

我于1989年8月从国外访学回来时，学校租给我家一个12平方米的房间作为奖励，住址离冯契先生家不远。于是，经常会有些事情，或找些借口，我就去住在师大一村一幢老式教授公寓的三楼的先生家了。那时的学生和青年教师真是幸运；尽管我不像一位师兄那样，到先生家可以门都不敲就踏足而入，但我不知从何时开始，去先生家也常常是不速之客。有时我还会带着正在上幼儿园的双胞胎孩子一起去，让她们用甜言蜜语从爷爷奶奶那里换来糖果茶点。在写下这几句话时，抬头望见办公室墙上的一张合影照片中，老少三人正开心地朝我笑着呢。

说实话，刚见到冯契先生时，觉得他并不是那么和蔼可亲的。我是七七级本科生，1978年春天进华东师大时，冯先生是我就读的政教系的教授。冯教授不给本科生开课。最近几年高校都在强调教授要上本科生讲台；其实我们读书那会儿，教授也很少上讲台。现在的许多教授们，那时正在读本科；但愿他们对本科教学的理解，不要受那时印象的误导了：他们读书的时候，系里的教授不仅数量甚少，而且一般都年资甚高，建设学位点和培养研究生的任务，就已经把教授们忙得不亦乐乎或苦不堪言了。我受冯契先生教导较多的时候，是在我以冯契先生为导师攻读硕士学位的三年当中，那时候，年近古稀的先生的主要施教方式，也不是系统开课，而是在系里举办讲座、在家里进行答疑，尤其是最后的学位论文指导。

我与冯契先生的更多接触，是在1984年底毕业留校以后。那时的先生基本上每个学期都为博士生主持讨论班，相继研读我的另一位太老师金岳霖先生的三本书，即《知识论》《论道》和《罗素哲学》。系里教师凡有兴趣都可以参加，我因此也成了讨论班的虽然编外但很积极的常客。我在讨论班上提交了一篇讨论真理有没有程度问题的论文，冯契先生虽然并不完全赞同其中的观点，但仍然同意我带着这篇论文，跟随他一起去参加1985年冬天在北京召开的纪念金岳霖学术讨论会。那是我生平第一次坐飞机，本文一开始所说的跟着冯先生去拜望冯先生的情景，也就发生在那次会议期间。

冯契先生在那次会上宣读的论文，题目是《论"以得自现实之道还治现实"》。在我看来，这是冯契先生最早系统阐发其观点的一篇文章。冯契先生的工作成果目前已成为国内外诸多博士论文、学术著作、国际会议和辞书条目的主题，在他身边见证这项工作的最有成效阶段，是一种难得的幸运。

冯契先生的这个被称为"智慧说"或"广义认识论"的哲学体系，雏形在他出版于1957年的小册子《怎样认识世界》中已有表达。毛泽东在1960年写给其秘书的一封信中，向身边工作人员推荐了这本书。当时担任毛泽东机要秘书的一位工作人员后来回忆说，她有幸得到的那本书，恰好是毛泽东自己用过的，她发现毛泽东在书页上加了多处批注、眉批和旁批，在很多地方划了圈圈，予以肯定。毛泽东推荐冯契著作的这封信，早在 1983 年就公开发表了，对此冯契先生一定是知晓的，但我从未听到他提起过此事。最高领袖对自己工作的重视，并没有妨碍先生对毛泽东晚年错误进行深刻而系统地哲学分析；他关于理性与意志、存在与本质甚至人性与天道等抽象哲学问题的思考，往往与这种分析密切相关。先生在"文革"中曾一度失去人身自由，并彻底失去了手稿笔记，但个人的这种苦难遭遇，也并没有妨碍先生多次说起，在山西抗战前线读到《论持久战》时，在昆明西南联大读完《新民主主义论》时，自己有多么兴奋、多么豁然开朗。

这种既实事求是又思想解放的严谨学风，也表现在冯契先生对待自己学术工作的态度之上。先生的几部主要著作，都曾经历从讲课记录稿到油印讨论稿直至最后正式出版前好几年甚至十多年的反复打磨推敲。从 1985 年出齐的 3 卷《中国古代哲学的逻辑发展》开始，这些著作都应先生要求按国际学术惯例加上了"人名索引"、"名词索引"和"著作索引"。在其生前出版的每本书的"后记"中，先生总是细述并感谢整理讲稿、核对引文、注释资料、制作索引和通读书稿等各个环节相关人员的贡献。他的一位学生，在一次私下谈话中对先生所用的一段译文提出异议。谈话之后这位学生就出国了，但半年后回国他读到先生新出文集中的一篇论文，大为感动，因为先生在这篇论文的注释中，指名道姓地提到这位学生自己已经淡忘了的那个异议，并明确表示："我同意他的见解"。

作为老师和前辈，冯契先生对后学的提携，对我们今天建设一个团结而有活力的学术共同体，具有特别重要的示范意义。与经常把稿费留在教研室作为集体活动经费，或者自己掏钱资助年轻人学术活动这样的事情相比，更难能可贵的是先生在指导和评阅学位论文、主持论文答辩、撰写学术著作序言、评价和推荐学术新人新著等时的那种态度。这些事情他只要答应下来，一定是一丝不苟，下笔之前不仅认真阅读相关论著，而且会调阅相关资料。先生生前撰写的最后一份推荐材料，是一位青年学者经过我向他提出请求的。我曾经问先生是否先为他写个初稿，他表示不必，由自己来写。那个时候，先生的家人和同事、学生，都根本没有想到，这居然会成为先生亲自撰写的最后一份学术文字……

写到这里，想起冯契先生家的书桌上有一尊雕像，那是孔子的雕像，但从那飘逸的服饰和神态来看，又有点像庄子。从早年《智慧》一文中酣畅淋漓地论证"意见是'以我观之'，知识是'以物观之'，智慧是'以道观之'"开始，到"文革"以后多次强调"不论处境如何，始终保持心灵自由思考，是爱智者的本色"，冯契先生毕生都不掩饰他对庄子的喜爱。但冯契先生不仅是爱智者，而且是行仁者；他的更为人所知的名言，是"化理论为方法，化理论为德性"。冯契先生一再肯定荀子的"孔子仁知且不蔽"的评价，并把仁智统一、知行合一，看作是儒学对回答"理想人格如何培养"这个最重要问题的最重要贡献。在冯契先生看来，尤其可贵的是儒学大师们那些体现仁智统一、知行合一的教学实践。先生赞扬孔子的"学不厌而教不倦也"的精神，肯定其"吾无行而不与二三子者"的态度，欣赏那种"吟风弄月以归，有'吾与点也'之意"的儒门境界。这些论述，以及前面提到的那些往事，是作为一名师者的冯契，对他的弟子们，尤其是对像他一样立志追随孔子为人师表的弟子们，留下的最重要教诲。

冯友兰先生在讨论哲学的"正的方法"和"负的方法"的关系时，曾经说"人必须先说很多话然后保持沉默"，以此作为达到哲理境界的相继步骤。对冯契先生来说，达到"哲理境界"可以有不同途径，但他认为"要求化理论为德性，在理论与实践统一中自证其德性之智，则是共同的"。可以说，冯契先生是以一种特殊方式承袭了他老师的观点：教师在传授知识培养德性的过程中，行"有言之教"是不可缺少的，但教师在教育过程中呈现在学生面前的人格和品质，他实施"有言之教"的方法和态度，同时也在默默地传递着重要信息，或者说在默默地发挥着更重要作用——说到底，教师的最重要职责，是通过他的人格和行动，通过他的方法和德性，给学生以示范、启发和激励。这种"不言之教"固然是离不开"有言之教"的，但相比之下，只有"不言之教"，才可能具有画龙点睛、水到渠成的教化作用。

规则意识与社会文明 *

规则是公共的，规则意识是个人的；社会文明的程度不仅体现在政府部门制定了怎样的规则体系，而且体现在社会成员具有着怎样的规则意识。在法治国家和现代治理体系建设的路线图已经基本明确的情况下，人们的法治意识和现代治理能力的培育，应该提到更加重要的议事日程上来。

一、规则的四个特点

先谈谈什么是"规则"。"规则"与另一个概念"规范"常常是

---

　　* 本文的基础是作者在上海市社联于 2015 年 8 月 21 日举行的"规则、法治与民生"出版座谈会上的发言，修改后以《规则意识决定做人的境界》为题刊于《解放日报》2015 年 9 月 5 日。

可以互换使用的，但我想把两者区别一下，我把规则理解为是有关"应该做何事"的规范，而不是关于"应该是何人"的规范。

人生在世，时常要做一些选择，而每一个选择，说到底都是在回答三个问题："有何物？""做何事？""是何人？"大一点的问题，大学本科毕业，是出国深造还是国内求职？是去政府部门还是去国企？是进入体制还是在体制外发展？小一点的问题，上海书展开幕，我是去还是不去？我是周日去还是周末去？是坐公交去，还是坐出租车去？在进行这些选择的时候，我要考虑的选择依据无非涉及三个问题：对我有利吗？合我品味吗？有违规则吗？严格地说，"有违规则吗？"应该是第一个问题：只有在我们的行为不被某条规则禁止的前提下，我们才能考虑这个行动是否会给我们带来利益、是否符合我们的价值取向。

简单地说，规则就是帮助我回答"做何事"这类问题的那些判断或语句，它们当然不仅告诉我们哪些行为是被允许的，而且告诉我们哪些行为是被提倡的、被要求的。规则和规范，rules 和 norms，都是对人的规范或 prescribing 或 regulating，但规范或 norms 的范围更宽，不仅规范我做何事，而且规范我做何人：我是否要有较好学问、是否想担任公职等等；而规则，也就是我所理解的 rules，主要是指对人的行动有所约束的那类规范：我出国读博怎样才能拿到签证，周日去书展能否在单位请假，如此等等。

规则除了（就其效用而言）具有规范性（prescriptiveness）以外，

还具有（理据方面的）普遍性（universality）和适用范围方面的广泛性（generality）。所谓规则意识，就是与规则的这些特点相对应的人类意识。

首先是规范性。规则的规范性表现在，对行动主体，规则告诉你一件事情你是否可以做或是否应该做；对行动的评价者，规则告诉你对某个行动者你要进行谴责还是赞许。我把规则分为技术规则、游戏规则和道德规则；它们各有其基础或依据，但都在不同意义上具有规范性，表达有关"ought"（应当）的意思，而不是"is"（是）的意思；它们所回答的是"规范问题"，而不是"事实问题"。《孟子》中有这么一段："挟太山以超北海，语人曰'我不能'，是诚不能也。为长者折枝，语人曰'我不能'，是不为也，非不能也。"[1]孟子在这里所说的"不能也"，涉及的是一个事实问题，而"不为也"，则涉及一个规范问题。一件事情，一个人有能力做还是没有能力做，不是这个人所能选择的，也不是别人应该做价值评判的，它作为一个事实客观存在着。但一件事情我是"为"还是"不为"，我当然就是在做选择，而你也可以做评价，这里我做选择和你做评价所依据的，都是某条"规则"。而如果一个人无法区分"能不能"的问题与"为不为"的问题，无法区分"事实问题"和"规范问题"，那么，他或者无法进行恰当的选择，或者无法进行恰当的评价。比方说，火车站广场一位旅客把烟蒂扔在地上被卫生执勤者发现罚款，他辩解说："人家也都这样的，我为什么不可以啊？"这位旅客就可以说缺乏规则意识，不知道"人家是否也这样做"这是一个事实问题，而"这件事情对不对"则是一个规范问题；人家也随地扔烟蒂，不等于随地扔烟蒂就不算错。

其次是普遍性。规则是对某类行动而不仅仅是对某个行动的许可不许可，而行动之为"类"，是具有普遍性高低程度的。大家可能都知道"三大纪律八项注意"，"三大纪律"中的"不拿群众一针一线"最初是"不拿工人农民一点东西"，前者就比后者的普遍性程度高一些。"三大纪律"中另一条"一切缴获要归公"原先是"打土豪要归公"，前者比后者的普遍性程度也要高一些。在"八项注意"当中，"不调戏妇女"是由先前的"洗澡避女人"改过来的，"不虐待俘虏"是由先前的"不搜俘虏腰包"改过来的，都属于这种情况。说一个人具有规则意识，是说这个人对普遍性程度比较高的规则内容，也能理解。[2]

第三是广泛性。规则所约束的行动是某类行动中的每一个，而不是某个特定行动，同样，规则所约束的行动主体也是某类行动者中的每一个，而不是某个特定行动者。从一个国家的"法律面前人人平等"，到一个学校的"校规面前人人平等"，行动规则从内容上讲最简单、但在执行中往往也是最困难的一个方面，就是规则所约束之行动主体在一个类当中的广泛性。我们经常听到的那些话，"制度是死的，人是活的嘛"，"特事特办"，"下不为例"，往往都与对规则的广泛性的理解有关；甚至"原则性与灵活性相统一"、"既要讲正气也要讲政治"这样一些提法，如果理解得不恰当的话，也会与规则约束主体的广泛性相抵触。

除了上述三点以外，规则的特点或许还可以加上第四点：规则之间的连贯性（coherence），因为任何规则都不是孤立存在的：一方面，诸多规则关联起来构成制度，是规则发挥其约束和范导作用的主要方式；另一方面，规则或规则体系为了得到论证和运用，往往要通过与其他规则或其他规则体系发生关联。规则一方面要"向上"，与更加普遍的规则或原则发生关联，以取得正当性或 validity；另一方面要"向下"，与普遍性较低的规则尤其是特定时空范围之内的个案发生关联，以取得实效性或 efficacy。这种"向上"和"向下"两个方面的转换或应用，就是通常所谓"法律诠释"的任务。法律诠释的问题很专业，我不敢多讲，只想强调这一点：最能体现规则意识之所以重要、培育规则意识之所以困难的，就是因为规则的连贯性特点，对规则相关人（规则的制定者、运用者和执行者）的诠释规则之能力和意愿，有很高的要求。

二、规则意识中的两个向度：能力和意愿

完整地说，规则意识的内涵一方面取决于规则的上述特点即规范性、普遍性、广泛性和连贯性，另一方面取决于规则相关人们的

相关能力和意愿。

无论从规则意识之自我培育的角度，还是从公众规则意识之培育和引导的角度，规则意识中的"意愿"，相对来说都是更不容易解决的问题。意愿的问题与能力问题当然是密切关联着的，比方说一个车技不太好的人，在筹划外出旅游时，往往就不大愿意选择长途自驾。但意愿的形成和改变，不像知识技能的形成和改变，是可以指望别人的传授示范和自己的学习模仿发挥重要作用的；做某件事或某类事的意愿背后，常常是一个人或一个群体的整套价值观念、心理动机和利益考虑。虽然价值观念、心理动机和利益考虑并非不可能受到传授示范和学习模仿的影响，但它们的培养，却根本上需要社会环境的更加持久和系统的影响，和主体自身的更加自觉和坚定的修养。

接下来我们分别讨论在规则意识的能力和意愿两方面的培养当中，分别要处理好哪些问题。

三、规则意识中的"能力"向度

在培育规则意识的能力方面，要特别重视解决好以下三个问题：区别规则的不同模态的能力；区别规则的不同依据的能力；利用规则进行实践推理的能力。

第一，区别规则的不同模态的能力。规则有的是"绝对命令"或"无条件要求"，如毛泽东的题词"向雷锋同志学习"；有的是"假言命令"或"有条件要求"，如邓小平的题词："谁愿做一个真正的共产主义者，就应该向雷锋同志的品德和风格学习。"[3] 有的还不一定是命令，而是建议，如坐公交车辆时，我们要遵守"让座给老弱病残怀孕妇女等有特殊需要者"这条规则；这条规则如果是针对车上通常会标明留给特殊需要者的老弱专座或"爱心专座"而言，应该看做是一条"命令"，年轻力壮者一定要让座给年老体弱者；而对于其他座位而言，它应该是一条"建议"，它的执行很大程度上要靠占座者的态度。但有报道说一老人要求一女子让座，不让位就坐在她腿上，甚至还有人出口骂人、动手打人的。最近还有报道说合肥的一位乘客，说自己是老师，要求座位上的男孩让位，看到男孩拒绝让位，她居然把男孩的书包扔出窗外。这些报道中都没有提所涉及的是公交车辆上的老弱专座，还是一般座位；但即使所涉及的是老弱专座，也不能为了让人遵守让座规则，而自己违反"不得伤害他人"这条约束性强得多的社会规则。

第二，区别规则的不同依据的能力。我在《论规则》中讲得比较多的是从规则的依据出发，对"技术规则"、"游戏规则"和"道德规则"的区分：技术规则的依据是客观规律，游戏规则的依据是人际约定，道德规则的依据是作为人类进化和文明进步之成果积淀的内在良心或道德意识。在这三类规则当中，技术规则的依据可以说是最刚性的；当我们说"有法必依、违法必究"的时候，实际上是要使得社会上通常是基于人际约定的那些规则，都能具有类似于技术规则那样的刚性效力，或如卢梭所说的那样，使"国家的法律也像自然的规律那样不稍变易"。[4]前几天我到南京去讲课，看到动车上有这样一则"警察提示"，我觉得实际上也是要使得"安全规则"中技术规则的成分与游戏规则的成分更加紧密地结合起来："吸烟引发报警，导致紧急制动，危及行车安全，违者依法处理。"吸烟本来并不会危及行车安全；但通过"吸烟引发报警，导致紧急制动"这样一种机制，吸烟者就可能因为"危及行车安全"而受到"依法处理"。可想而知，这样一种执行规则的机制，前提是动车上违规吸烟现象发生得其实并不多，要不然的话，执法成本会高得无法承受。如果是在飞机上，也来一个"吸烟引发报警，导致紧急制动"，执法成本就更是无法想象的。就整个社会的法治建设来说，在利用技术手段加强执法监督效率的同时，还需要让人们更多地像对待道德规则那样对待社会规则，哪怕戴上了柏拉图《理想国》中所说的"吕底亚的牧人的戒指"[5]，可以为所欲为而无人发现，也会受自己良心的监督，也会如中国古人所说的"慎独"，做到像孔夫子所说的"从心所欲不逾矩"。

第三，利用规则进行实践推理的能力。这种能力首先包括概括能力和抽象思维能力，因为规则总是普遍的，特别是在较大范围的社会空间当中要遵守的规则，往往是普遍性层次比较高的。比如社会主义核心价值观中的那十二个词，只有抽象能力很强的人，才能真正把握其实际含义。但仅仅把握普遍规则的抽象含义还不够；实践推理的关键，是能够在普遍规则与具体行动情境之间找到关联。我们行车在高架上，会在广告牌上一会儿看到"富强"、"自由"、"爱国"等，一会儿是"开车不抛物，文明伴你行"，后者大概是社会主义核心价值中"文明"和"法治"两个价值的体现，也可以说是"应当文明行事"和"应当遵守法律"这两条规则的体现，而这两条规则与"不抛物"要求之间，普遍性程度上当然是隔着很大距离的。对于实践推理能力比较强的人，只要接受了"文明"、"法治"的要求，就自然知道不应该在公路上抛物；但事实上不具备这种能力水平的人还有不少。到了哪一天，我们看到"开车不抛物"的反应，就像看到"洗澡避女人"的反应一样，觉得哭笑不得，我们的交通文明状况，乃至整个社会文明状况，就大为提高了。

实践推理能力不仅表现在能够理解普遍规则、能够实现从普遍规则向具体行动的推理，而且能够在发生"鱼，我所欲也；熊掌，亦我所欲也"但"二者不可得兼"情况的时候，找到恰当的解决方案，或者是进行代价最小的排序和取舍，或者是作出创造性的综合，或者是整个地改变问题的提法、改变思考问题的进路。从发展战略方面的"青山绿水"与"金山银山"之争，到实验医学中的动物权利与人类健康之争，再到西方伦理学界热衷于讨论的"电车难题"

这样的道德悖论，都涉及人们的道德思维或实践推理的能力问题。中国不少学者对西方人不厌其烦地讨论"你会杀死那个胖子吗"这样的问题不以为然，但通过各种各样思想实验甚至真实实验来了解人们是如何进行道德判断和实践推理的，确实是有助于我们对道德判断和实践推理的背景和预设、程序和逻辑，有更好的理解，从而对规则意识的培育，也可以具有重要启发。

四、规则意识中的"意愿"向度

在培育规则意识的意愿方面，要特别重视解决好以下三个问题。

首先，规则的创制者和规则的遵循者之间的关系。我们经常把民主与法治放在一起说，这不是偶然的。没有法治，民主就会成为"群众专政"；而没有民主，法律的遵循者如果不同时因此也是法律的创制者，后神学—形而上学时代法律规则的正当性依据，也就没有办法落实。但是很显然，任何稍有规模的社会的民主政治，都不可能实现法律规则的创制者和遵循者之间直接的完全的重合；在一个作为"关键少数"的"先锋队"服务于"绝大多数"人民群众的政治文化当中，马克思所说的那个著名悖论，一方面"人是环境和教育的产物"，另一方面"环境正是由人来改变的，而教育者本人一定是受教育的"，[6] 尤其亟待解决。

　　其次，改革开放所需要的思想解放与现代治理所需要的依法治国之间的关系。真正意义上的改革和开放，多多少少是针对或涉及规则或者规则体系的。在改革开放的初期，"思想再解放一点，胆子再大一点，办法再多一点，步子再快一点"这样的话，是不止一位中央领导说过的。改革开放开始 30 多年以后，我们不仅可以说，"解放思想从来就不意味着损公肥私、假公济私"；我们还可以说，"解放思想应该尽早从突破旧有体制机制束缚的 1.0 版本向建立更合理体制机制的 2.0 版本转变"。党中央在推进上海自贸试验区建设的时候，一再强调要取得可复制可推广的经验，就体现了这种转变。但通过试验区和抓试点的方式，能否尽快形成可复制可推广的经验？可复制可推广的经验当中，有多少属于具体做法，有多少属于制度层面或规则体系层面的东西？回答这些问题，都需要做艰苦的努力；国际贸易领域乃至整个经济领域中改革开放与制度建设的这种结合，能否向其他领域推广？如何向这些领域推广？这些问题也都需要理论和实践相结合的扎实深入的探索，才能解决。

　　第三，最重要的问题，是规则的工具价值和内在价值的关系。一个东西有内在价值，是说这个东西构成了我们所追求的目标的内在要素；一个东西有工具价值，是说这个东西有助于我们所追求的目标的实现。中华民族的"实用理性"传统之深厚，是众所周知的。美国传教士明恩溥在鲁迅非常重视的《中国人的气质》一书中就有这样的话："在中国，'能抓住耗子的猫就是好猫'，成功就是一切。"[7] 这种思维方式和价值取向在对于规则的态度上尤其明显。在理解规则和制度的时候，它们对所要实现的目标所具有的工具价值，确实是一个重要角度，但我们不能把它变成唯一角度。为了实现某个阶段的工作目标，我们常常很快会制定出"办法"、"意见"、"细则"、"决定"和"多少条"出来，这些多多少少都具有规则的性质；而一旦目标实现，它们的使命往往也就随之完成了。即使在这些规则或类似规则的规范性文件仍然有效的情况下，也经常会按照"目的的正当证明手段的正当"的思路，"开一个口子"，"特事特办"一下。一个典型的例子，是 1974 年 2 月 20 日下发的一个权威文件，针对"在批林批孔运动中，不少单位提出了领导干部'走后门'送子参军、入学等问题"，提出"开后门来的也有好人，从前门来的也有坏人，需要具体分析，慎重对待"，要求把这个问题"放在运动后期妥善解决"，[8] 最后这个问题实际上是不了了之。研究中国反腐倡廉历史和中国法治建设历史的人们，或许会对这个文件有点兴趣。

这里我想强调的是，即使从功利的角度来看，是否要遵守规则，也不能只根据特定场合是否遵守规则而造成的利害得失来加以考虑，而要根据规则作为一个体系是否保存而造成的利害得失来加以考虑。"后门"进来的确实也会有好人；但关键问题并不在于从后门会进来多少好人，而是高校招生规则体系被一个一个"后门"凿得千疮百孔以后，中国还有没有好大学，中国社会还是不是一个好社会。我们如果真要重视功利，就应该重视大的功利、长远的功利，重视因为遵守合理规则而带来的效率和利益。

但实际上，规则不仅有工具价值，而且有内在价值；用康德的话来说，人作为理性的存在，其尊严是与其遵守普遍法则的能力和意志相联系的。是否知道"规则"是什么意思，是否知道"遵守规则"是什么意思，是否愿意遵守一条他知道其意义并承认为有效的与己有关的规则，是衡量一个人是否成熟的重要标志，也是衡量一个社会是否文明的重要标志。规则确实是约束人的，但只有人是可以用规则来约束，而不必用绳索、栅栏或围墙来约束的。我在发言一开始说，规则直接回答的是"做何事"的问题，而不是"是何人"的问题；但在这里我想说，虽然规则本身的内容是对"做何事"问题的回答，但我们作为行动者是否有按照规则来"做事"的能力和意愿，则是对"是何人"问题的回答。换句话说，我们有没有规则意识，我们的规则意识强不强，不仅（如前面说的）会决定我们做事的效率有多高，也会决定我们做人的境界有多高。

总之，规则意识与社会文明之间的密切联系就在于，规则意识的提高、社会文明的提高和人之为人的成熟程度的提高，其实是从不同角度描述的同一件事情；提高中国社会的文明程度要做许多工作，培育人们的规则意识是其中非常重要的一项。

注 释

[1]《孟子·梁惠王章句上》。

[2]相关讨论详见童世骏：《论规则》，上海人民出版社2015年版。

[3]《雷锋日记（1959—1962）》，解放军文艺出版社1963年版。

[4]［法］卢梭：《爱弥尔》，李平沤译，商务印书馆1996年版，第83页。

[5]柏拉图《理想国》中的一个寓言，说的是在一个叫吕底亚的地方的一个牧羊人，捡到一个戴上后就可以隐形匿迹的戒指……由此提出的问题是：假定有一个戒指，你戴上它，别人就看不见你了，像全能的神一样，可以为所欲为，你还会遵纪守法、循规蹈矩吗？

[6]《关于费尔巴哈的提纲》，《马克思恩格斯文集》第1卷，中央编译局编译，人民出版社2009年版，第500页。

[7]［美］明恩溥：《中国人的气质》，刘文飞、刘晓旸译，上海三联书店2007年版，第52页。

[8]《中华人民共和国国史通鉴》（1949—1995），有林、郑新立、王瑞璞主编，当代中国出版社1999年版。

教师的一大责任是"尊严教育"[*]

非常荣幸有这样一个机会,与梅陇的老师们作一次汇报与交流。刚才去参观了梅陇镇文体中心和蔷薇小学,实在是开了眼界。我们都说中国社会发生着重大进步,但问到底有哪些进步,我们会特别关注国家发生了什么,北京发生了什么,高校发生了什么。其实,很多非常重要的进步发生在基层,发生在社区,发生在中小学。蔷薇小学因为《纽约时报》的报道而已经在国外颇有名气,但我觉得我的学生们甚至同事们更应该好好了解。

在来这里之前,我还读了几篇刘辛培同志发给我的介绍梅陇学校的文章。辛培是我 40 年前,在当时的市委写作班工人理论学习小组的同学。我有时候会吹吹自己的经历,其中最夸张的是我 17 岁的

---

　　* 这是作者于 2016 年 7 月 6 日在梅陇镇"人文梅陇"读书节微论坛的讲演,修改后以《尊严教育,让学生真正"长大成人"》为题刊于《解放日报》2016 年 9 月 27 日。

时候在上海电视台讲哲学，就是跟辛培一起讲。我们两人一小组，准备一个讲座。他带着我，他比我大，他也比我学得好，做得好。4个半月后我回崇明农场，他就留在市委写作班。非常感慨，一下子40年过去了，但我们做的基本上还是文化和教育工作。我们自豪，见证了国家这些年来的发展。

辛培给我发的文章中有一篇介绍罗阳小学，文中这样一段话与我今天讲的主题有关："我们努力，让学校的每一个角落都能充满教育的智慧与欢快的笑声；我们努力，让学生的每一个时刻都能享受学习的收获与成长的乐趣；我们努力，让教师的每一天都能体会职场的幸福与专业的尊严。"

下面我讲的都是一些大白话大道理，但是融入了我自己的体会和理解。

一、教育的最高境界是回答"成何人"的问题

教师的最重要任务是什么？我们估计都会赞成："让学生学会做人。""做人"确实是人生的最重要问题，但在实际上，它却很容易被其他问题所遮蔽。在任何民族的语言中，大概都有三个最基本的动词，由此构成了人生三个最基本的问题："有何物"（having）、"做何事"（doing）和"成何人"（being）。有一本书，书名叫"*To Have or To Be*",中文译成《占有还是生存》,大概的意思是讲在我们这个工业化的、现代化的社会中,人们更多的关心是"to have",就是"拥有",要拥有更多的财富、更多的消费品。拥有得越多,消费得越多,你就越"重要",越"幸福"。但在这样的过程当中,往往会丢失人之为人的最根本——人所承担的那些责任,人所具有的那些品质,人的生活所具有的那些意义。书的作者叫埃里希·弗洛姆,他让我们回顾中国先秦哲人老子的名言:"道常无为而无不为",让我们回顾德国 13 世纪哲人埃克哈特的名言:"人不必总去想应该做些什么,他应该更多地去思考自己是什么?"尤其是让我们回顾马克思对资本主义的批判,马克思说资本主义的最大问题是财富越多,人性异化却越严重。

教育的最高境界,也应该是回答"成何人"的问题——用我们通常的话来说,是人的全面发展。但在实际生活中,我们往往把重点放在灌输知识,把学生的脑袋当成一个容器,目的是让他毕业以后有更多的本领去赚更多的钱,也就是把"有"或"having"当做最重要的事情。在学校里掌握知识、在社会上有能力赚钱,这本身并没有错,但如果停留在这个阶段,就有问题了。最近有不少传闻,说美国的名牌大学不愿意招太多中国学生,因为他们发现,中国学生尽管非常优秀,但他们毕业以后往往不愿意从事科学研究,而更愿意去保险公司、华尔街等赚钱多的地方。

比起只顾灌输知识、培养赚钱能力的教育,那种重视培养能力和规范行为的教育，要境界高一些。现在中国学生和家长也都知道了，美国名校不仅不喜欢发财迷，而且也不喜欢书呆子；他们希望招到的学生，不仅要有好的学习成绩，而且要有学习以外的许多兴趣、特长和经历，最好是积极参加甚至发起社团活动，在科学竞赛中拿过大奖，是热心慈善公益活动的志愿者，等等。也就是说，对这些大学来说，"做何事"的问题，要重要得多了。我国国内现在的自主招生、综合评价，很大程度上也是把"做何事"——做事的能力和意愿——放到更加重要的位置上。这是一个很大的进步。但是，如果学生参加这些活动、掌握种种能力，仅仅是为了申请书能写得好看一些，仅仅是为了能积累更多社会资本，就仍然没有达到教育应该有的境界，那就是把"成何人"或"成为什么样的人"，作为教育的核心问题。

"成为什么样的人"，这个问题包含了两个方面。

作为一个人，必须具有人之为人所共有的特点，尤其是人之为人所共有的文化价值，而不仅仅是人之为人所共有的生理特点。当我们说一个人活该被骂作"衣冠禽兽"的时候，这个人虽然具有人之为人的生理特征，但缺少人之为人的文化价值。

同时，作为一个人，又必须具有作为一个特定的个人所具有的特定的东西。人类区别于其他物种的一个最大特点，就是人类的每个个体，都是与众不同的，或者应该是与众不同的。童话里面常常用动物的种类去表达某一种性格，或某一种品德，比如小兔子怎么怎么，大灰狼怎么怎么；在讲这种故事的时候，我们并不关心动物的个体，而只把某一类动物当做某种象征。但人就不同了，尤其在现代社会，我们现在就连"撞衫"也不那么乐意了。美国甚至还有这样的事情：有一对女同性恋伙伴，她们都是聋子，她们为自己是聋子而自豪。她们希望有一个孩子，而孩子，她们也希望像她们一样是个聋子，所以她们就想方设法，在很大的范围内筛选人工授精的来源，最后，她们如愿以偿。这故事听起来荒唐，但其实未必一点道理也没有。想象一下：我们都没有翅膀，如果在有翅膀的人群中，我们就是残疾人；但即使在有翅膀的人群中，我们大概也会选择做没有翅膀的人的，如果我们已经把没有翅膀这一点当做了我们之为"我们"的一个特点的话。就个体而言，更是这样；尤其在现代社会里，我们都不愿意做一个完全没有个性特点的人，我们作为家长也不希望自己的孩子是没有独特认同的人，作为老师也不希望自己的学生是这样的与别人全无差别的人。

因此，只有既掌握了普遍价值，又形成了特殊认同的人，才是名副其实地"成人"，一个长大了的人。说一个没有掌握普遍价值的人是"衣冠禽兽"，说一个没有形成特殊认同的人是"人形木偶"，都可能有点言重，但说两者都不具有我今天要说的主题大概是可以的，这个主题就是：尊严。

二、解决"成何人"的关键是重视"尊严教育"

在对"尊严"及其对教育的意义做进一步解释之前，我想先讲讲尊严这个问题对当代中国社会的重要意义。现在都讲"目标导向"和"问题导向"，我就从目标和问题两个角度来说。

就目标而言，中国革命之所以能吸引这么多优秀分子加入，是把"劳动人民当家做主"、过"人的生活"作为号召。根据著名汉学家裴宜理的研究，当年安源煤矿工人运动之所以发展比较好，是因为毛泽东、刘少奇、李立三都去了，而李立三提出的一个口号起到了特别重要的作用："从前做牛马，如今要做人！"用"翻身解放"、"当家做主"来动员群众、吸引青年，这是中国革命能够成功的一个大的背景。我们今天建设中国特色社会主义，根本目标就是要让人人都能有一个习近平总书记所说的"精彩人生"。"精彩人生"是"幸福人生"，同时也是"尊严人生"，或者说，是把"尊严人生"作为重要内涵的"幸福人生"。

就问题而言，今天社会出现的好多问题，如官员腐败、学者作弊、明星吸毒、老人碰瓷、游客出丑、路人哄抢、企业造假、骗子诈捐诈保诈汇、大学生"精致的利己主义"，等等，其实都可以归结为一点：当事人的"人的尊严"意识的缺失。腐败官员在电视镜头前痛哭流涕，哭诉自己不懂法，忘记了党的宗旨，但经常有报道，说某某官员今天抓起来，昨天甚至半小时以前还在会上振振有词大谈宗旨理想呢。这样的人怎么会"忘记"宗旨理想呢？但想象一下，如果第一次有人拿钱来收买他时，他就觉得这是对他不可容忍的人格侮辱，那就不会有第二次、第三次这样的事情了！那些偷偷在楼道里乱扔垃圾的小区住户，那些眼看无人监督就乱闯红灯的开车人和骑车人，那些在自助餐馆浪费食物或带出食物的出国游客，有多少人是因为金钱太少、能力不够、不知道相关规定、生活过不下去了，才做这些不体面的事情的呢？从"做何事"的角度看，这些事情并不算大的错事；从"有何物"的角度看，这些人得到的并不是大的好处；但在做这些事情、得到那些便宜的时候，他们其实有意无意地降低了"成何人"的问题的分量、忽视了"做一个有尊严的人"的要求在他们人生中应该有的位置。

因此，无论从追求"精彩人生"的目标着眼，还是从消除社会问题的根源着眼，都要求我们在教育当中更加重视"尊严"这个价值。走出普遍贫困之后，"富而教之"的最重要任务是"教而贵之"，通过教育来培养人的尊严的意识；在一个九年义务教育已经普及、高等教育已经进入大众教育阶段的国家，培养学生尊重自己和尊重别人的意愿和能力，就是提升整个中华民族的尊严高度。在已经解决了"挨打"问题和"挨饿"问题但还没有解决"挨骂"问题的今天，我们只有从孩子们的教育开始，才能更有效地抵制敌人的恶意、化解外人的误解，尤其是避免朋友的失望。也就是说，我们不仅要加强"知识教育"和"爱的教育"，而且要加强"尊严教育"。

三、"尊严教育"的内容

首先，尊严教育是"平等的教育"。前面说过，回答"做何人"的一个角度，是看一个人接受的是哪些价值。现代社会与传统社会最大的区别之一是"平等"现在成了社会的主流价值，现代社会的"尊严"概念因此是以平等而不是等级、特权作为核心内涵的。以为人际关系不是以我为主就是以你为主，以为一个人不是做主子就只能做奴才，以为只有在一个前呼后拥、前倨后恭的人群当中，自己才算得上有尊严，那都是对"尊严"一词的根本误解。把尊严意识建立在平等观念基础之上，同时也避免因为强调平等而忽视尊严、迁就平庸，是当今教育的重要任务。

尊严教育因此也是"权利的教育"。人与人之间最重要的平等，是基本权利得到同等程度的法律保护。维护基本权利是确保人的尊严的外在条件。比方说，若没有蔷薇小学为外来务工人员子女提供基础教育，那些孩子们的尊严，他们家庭的尊严，就无法充分实现。维护基本权利也是体现人的尊严的内在要求。比方说，尽管不少高校，尤其是其中的不少专业，出现了女生人数远远多于男生的情况，这些学校也不能在招生当中采取与专业无关的性别限制措施，因为不仅这种措施的后果，而且这种措施本身，都是对女生尊严的伤害。

其次，尊严教育同时又是"责任的教育"。我不赞成说"没有义务就没有权利"，因为儿童虽然没有多少义务，但他们也有权利。"动物权利"更是这样。但对于成年人来说，权利和义务（或责任）应该是对称的。学会长大成人，就是学会遵纪守法，学会承担责任。孩子在学校里因为违反纪律而受到批评以后，有些家长会因此对学校和老师非常抵触，这种心情可以理解，但要提醒这些家长们，娇惯孩子而妨碍其逐步形成规则意识和责任意识，恰恰会妨碍孩子成长，妨碍孩子逐步形成有尊严的成熟人格，因而实际上造成对孩子的严重伤害。

责任与尊严的关系还可以从另一个角度来看。校长们经常会表扬"爱岗敬业"的同事，批评"不爱岗敬业"的同事。但其实，在"不爱岗敬业"的人当中，有好几种情况，有的是"爱岗不敬业"，有的是"敬业不爱岗"，有的是"既不爱岗，也不敬业"。其中，"敬业不爱岗"的人，或许是我们非但不应该批评、而且应该敬重的。想象这样一位同事，他虽然不喜欢自己的岗位，但是依然兢兢业业，忠于职守，保质保量地完成每一项工作任务，这样的人是不是也值得我们钦佩呢？这样的同事，"恨岗敬业"的同事，尽管不那么受人羡慕，但与"爱岗敬业"的同事同样受人敬重，甚至更加受人敬重。当然，这么说的前提，是这些同事的岗位的设置是有正当理由的。在我们的集体中，不是每个人都能有称心如意的岗位，在"不如意"的岗位上克服个人的偏好，理解集体的目标，认认真真地负起责任，就是一个人的尊严。同时，作为领导也要对这样的同志予以特别关心，尽可能从岗位的设置、人员的安排和工作条件的创造等环节，让尽可能多的同事在"敬业"的同时也能够"爱岗"，能够把"爱岗"和"敬业"统一起来，把幸福和尊严统一起来。

再次，尊严教育也是个性的教育。前面讲过，人的尊严既与普遍价值有关，也与特殊认同有关。如果说普遍价值当中最重要的是"平等"的话，特殊认同当中最重要的就是"个性"。孩子成长的一个普遍经历，是逐步懂得自己与他人的区别，越来越希望自己成为"自己"。尊严教育就是让学生在学会遵守普遍法则的同时，充分发挥自己的个性特点，用好自己的个性自由，并且在发扬自己个性的同时，也尊重别人的个性自由。

作为尊严教育之组成部分的个性教育既要鼓励学生发展自己的个性，也要教学生尊重别人的个性，这一点特别重要。网上热传台湾一位校长的演讲，他主张在"天下兴亡"后面接着说"我的责任"而不是"匹夫有责"，这很有道理。因为"匹夫有责"，就像"匹夫不可夺其志"一样，只有落实到一个个"我"的身上才不是一句空话。他接着教导学生，身为中国人应该吃中国饭、穿中国衣，这也很好，因为在全球化时代特定的民族认同是有必要做自觉捍卫的。但他用来论证这个要求的理由，则有点问题：他说他曾对请他吃西餐的西方人说，"请给我拿筷子来"，因为"筷子是文明的象征，而你们的刀是野蛮标志，所以我不用"。在学生们面前郑重其事地以这种方式来说明筷子和刀叉的区别，无助于教导学生把尊重自己的个性与尊重别人的个性很好地结合起来。

四、尊严教育的形式

孔夫子说："知之者不如好之者，好之者不如乐之者。"在我看来，尊严教育的任务，就是要使学生对人的尊严，或者说，对"有尊严的幸福人生"，对既符合普遍价值又具有特殊认同的个体的"精彩人生"，不但"知之"，得到"理之所解"，而且"好之"，树立"志之所向"，并且"乐之"，获得"情之所享"。为了让学生"知之"，教师要把相关的道理传授给学生；而为了让学生"好之"甚至"乐之"，仅仅讲道理就不够了。最好的办法是把"讲道理"与"讲故事"结合起来，道理越深刻，故事就要讲得越生动。对学生来说，最生动的故事，莫过于朝夕相处的老师们在他们面前的举手投足、一言一行。正是在这个意义上说，"尊严教育"的最好方式，是通过教师的"身体力行"来体现"师道尊严"。

所谓"师道尊严"，先有"师道"，后有"尊严"；而只有不仅表达在言语中，而且体现在行动中的，才是真正意义上的"师道"。

教师的工作，就像医生、律师乃至不仅需要知识而且需要技艺，不仅需要理智而且需要情感的一切其他工作，其价值和标准、方法和程序、技巧和艺术，是无法完全用语言来表达的，是"言不尽意"、"只可意会不可言传"的"默会知识"。师范生的教育实习之所以那么重要，青年教师由老教师带教之所以重要，就是因为默会知识是只能用"不言之教"来传授的。

即使是用语言来表达"师道"，表达的实际内容也往往体现在表达的方式当中，而不仅仅体现在表达的字句当中。老师对学生说："这本参考书特别好。"他的意思可以是解释"我为什么要用这本书教你们"，也可能是表示"你们用了这本书我课堂上就不用多讲了"，也可以是在向学生推销这本书。到底是什么意思，仅仅从这句话本身还无法判断清楚，而必须结合师生之间的日常互动；只有在这些互动当中，学生对教师的理解方式和信任程度才能形成。最容易妨碍学生形成尊师之心和自尊之心的，莫过于教师用"说话的方式"来否定自己"说话的内容"，比如用粗鲁的口吻教育孩子"要有礼貌"，带着犹疑的眼神要求学生"为人坦诚"，漫不经心地祝愿张三同学"早日康复"，叫着李四同学的名字表扬王五同学"助人为乐"……这些情况，就像一个孩子躲在屋里，外面有人敲门："屋里有人吗?"孩子回答："屋里没有人!"

从这个角度说，尊严教育不仅是"良心活"（在目前的管理体系中，知识教育是有办法考核的，尊严教育大概还没有办法考核），而且是"技术活"——什么样的尊严教育是名副其实、行之有效的，什么样的尊严教育是徒有其名的，甚至是事与愿违的，是一个需要好好研究和探索的大课题。

比方说，中国教育的最佳传统是既讲"有教无类"，又讲"因材施教"，两者如何统一，在知识教育领域已经有了大量探索成果，但这两个原则的统一如何实现于尊严教育之中，还有待于好好探索。我有一个印象，我们的老师们太容易对班上同学进行能力、成绩和品格方面的比较，而且太容易用某种标签把这种比较结果等级化、固定化。要理解这种情况，甚至还可以与我自己的一个特有经历联系起来。我有一对双胞胎女儿，她们从小到大，不知道被人问过多少次，"谁是老大"，"谁是老二"。我本以为这是天经地义的事情，但上个月我在比利时，布鲁塞尔自由大学的哲学系主任在闲聊时却告诉我，比利时人对双胞胎从来不会问这样的问题——双胞胎，顾名思义就不像普通的兄弟姐妹，是没有老大、老二之分的！中国人这样一种连双胞胎也要区别"老大"、"老二"的思维习惯，在培养以"平等"和"个性"作为核心价值的"尊严"意识当中会起什么作用，恐怕是需要认真研究的。

又比方说，现在每到毕业季，各个学校的校长都要用最大的努力做一个最精彩的致辞，以表达学校对毕业生们的祝愿和嘱托。但毕业典礼上传达给学生的最重要信息，或者说学校在这个场合给学生留下的最深刻印象，或许不是校长"说什么"，而是校长"怎么说"；不是毕业典礼有哪些内容，而是毕业典礼用什么形式。比方说，鼓励学生"创新"的最好方式，可能并不是校长们要求同学们"创新"、"创新"、"再创新"，而是校长的致辞本身就让学生们感到既合情合理又新颖别致；教导学生"感恩"的最好方式，可能并不是教师代表在发言时要求同学们"感恩"、"感恩"、"再感恩"，而是教师代表实际地表达对他或她自己的老师的感恩，甚至是什么都不用说，让同学们亲眼目睹，他们的老师们、校长们在过去的几年中是如何表达对前辈和社会的感恩的。

尊严教育是一个系统工程，从招生分班、教材教法到遣词造句、肢体语言，都要体现对孩子们的尊重，体现培养孩子们人的尊严观念的要求。在我看来，在这个系统工程当中，具有核心意义的是"理性教育"：上面所说的现代意义上的"尊严"概念所包含的那些要素，价值和认同，平等和个性，权利和责任，规则和典范等等，都可以归结在一个概念之下，那就是"讲理"。知识确实是力量，但讲理才给人以尊严。以自己的实际行动带着同学们"乐于讲理"而不是"蛮不讲理"，"善于讲理"而不是"强词夺理"，"敬于讲理"而不是"言不由衷"。只有这样的老师，在学生们眼中是最有威信、最有尊严的；只有在这样的老师的教育之下，孩子们才更有希望成为一个屹立于世界民族之林的国家的栋梁之材，才更有底气拥有一个既充满快乐又受人尊敬的精彩人生。

理性评价西方思潮的社会意义 [*]

石剑锋：以您的阅读和研究范围，过去二十年，西方左派与自由主义、保守主义的关系呈现什么特点?

童世骏：我的阅读很有限，而且多半是为了自己的学术思考，对西方左翼的阅读尤其如此。让我印象特别深的，是过去二三十年里左翼与自由主义、保守主义之间的那些共识。当然也有人会说，这种共识或许表明，这些"主义"的标签现在已经不那么有意义了。比方说，左翼学者对分配正义的重视显然与罗尔斯有关。当然你也可以说罗尔斯受了左翼的影响，但分配正义成为大话题，主要还是从自由主义阵营开始的。左翼对民主宪政、市民社会之类问题的兴趣，显然也有自由主义的背景。左翼思想家最近几个十年比较热衷的"承认"的话题、宗教的问题，则与保守主义更近一些。还

　＊　本文是作者与《东方早报》记者石剑锋的对话，原文以《童世骏谈当代西方左翼思潮》为题刊于《东方早报》2011 年 1 月 23 日。

有"重叠共识"的概念，这个概念的最著名倡导者是自由主义者罗尔斯，但经常可以在左翼学者的会议和刊物上找到。我之所以对这种各派共识的现象有较深印象，与我自己也主张尽可能通过争论而相互学习、相互接近有关。包括目前对中国模式的争论，我觉得这种争论的目标应该是形成共识或更新共识，而不是越谈分歧越大，越谈隔膜越深。当然共识并不一定是在哲学观点上，也不一定在政治立场上的。我感兴趣的一些西方学者，有的属于批判理论传统，有的属于自由主义传统，有的属于社群主义传统，哲学观点并不一样，但政治立场却可能相当一致；或政治立场并不一致，但彼此讨论时大家却可以都做到既直言不讳，又心平气和。最典型的是理查德·罗蒂，他在哲学上与哈贝马斯争了许多年，但他说他的政治立场与哈贝马斯没有多大差别，而这一点哈贝马斯也承认。哈贝马斯在与罗尔斯争论的时候，也强调两人之间争的不是基本观点，而是对基本观点的论证方式。我以前在一篇文章中曾说过，在当今世界，要做一个好的自由主义者，必须同时是社会主义者；要做一个好的社会主义者，也必须同时是一个自由主义者。产生这种想法，可能与受这些学者的影响有关。

石剑锋： 西方左派和自由主义、保守主义的分歧在哪里呢？

童世骏： 分歧当然还是不可忽视的。在过去二十年中，左翼之所以为左翼，还在于对西方现实的激进批判，对当代社会的病理诊断，对别样的生活方式或别样的现代性的追求。真正的学者大概总要指出理想与现实之间的矛盾，哪怕一个保守主义者，当他在说今不如昔的时候，也是在指出理想与现实之间的矛盾。但理想与理想不一样。与自由主义和保守主义相比，左翼学者的理想从价值上更着眼于弱者而不是强者，从时态上更着眼于未来而不是过去。在当代社会，弱者从人数上说未必可称为"广大"，但这种情况恰恰使弱者的遭遇更加荒谬，使他们的解放更显得紧迫。大致来说，西方左派对弱者境遇的理解有两个角度，一个是再分配，一个是承认。前面说过，再分配的话题有很强的自由主义背景，而承认的话题有很强的保守主义背景。但与自由主义者对分配正义的谈论不同，左翼往往会重返马克思主义的阶级和阶级斗争的观点，往往会强调生产资料所有制的作用，而不仅仅是谈论法律问题和政策问题。同样，与保守主义者对承认问题的谈论不同，左翼谈论承认问题的时候，更强调歧视或错误承认的对象是某些团体的个人而不是这些团体本身，并且把承认的问题与每个个人作为个人所应享受的权利和尊严挂钩，而不是与某种传统的生活方式或社会等级挂钩。

石剑锋：除了"再分配"和"承认"这样的着眼于弱势群体的左翼话语之外，左翼对整个资本主义社会在过去二十年中有没有新的批判思路？

童世骏：前面说过，我的阅读很有限，特别是对大概也属于左翼范畴的后殖民主义、后马克思主义等文献读得很少，只能谈一些不那么有把握的印象。我印象比较深的是这样三个批判思路。第一是以乌尔里希·贝克为代表的风险社会理论。贝克在 20 世纪 80 年代就与安东尼·吉登斯等既彼此独立又相互合作地提出了风险社会理论，认为西方社会已经从简单现代性走到了二阶现代性或返身现代性，社会斗争的主题已经从包括财富在内的"好东西"的分配方式转向了包括风险在内的"坏东西"的分配方式。后来贝克等人对这个理论进行了发挥和发展，强调风险的全球性质，强调全球风险社会的"世界主义环节"，这既意味着必须对社会科学研究方式有一个相应的转变，又要求对左派的社会目标有一个相应的调整，在应对充满着风险和冲突的"世界主义化"的客观趋势的同时，追求一个正义的、包容的"世界主义社会"的规范目标。我印象较深的第二种批判的思路与弗雷德里克·詹明信有关。在詹明信看来，与贝克观点相当接近的以"第三条道路"论出名的吉登斯，是以批判现代性的名义捍卫本质上仍然是资本主义性质的现代性；与尤根·哈贝马斯的"现代性是一种未完成的筹划"的命题不同，吉登斯似乎仍然相信现代性是可以由中产阶级及其经济体系所完成的。詹明信认为，过去几个十年中流行的"多重现代性"、"别样现代性"以及"后现代性"等等话语，不过是现代性在当下的不同表现形式；而当前阶段的现代性的最重要特点，是不仅实在之物，而且虚拟之物，不仅对资本主义的辩护，而且对资本主义的批判，都可以成为资本主义市场（包括文化市场和学术市场）上的畅销商品。我印象较深的第三种批判的思路是阿克塞尔·霍奈特。法兰克福学派传统的这位第三代传人的"承认"理论，可以说是继这个学派第一代把"遗忘"作为核心概念、第二代把"学习"作为核心概念之后，在新的高度上重新回到了"遗忘"的主题。霍克海默尔和阿多诺等人批判资本主义现代文明使人遗失其根本，哈贝马斯批判资本主义现代化过程作为人类集体学习的最近阶段所具有的高度片面性，但同时也肯定这个过程毕竟带来了十分值得珍惜的学习成果，而霍奈特则可以说把克服"遗忘"的重点，从批判似乎与文明发展特别是资本主义现代文明有本质联系的一种普遍现象，转向揭露特定个体在当代社会人际关系中的一种具体遭遇。霍奈特的批判锋芒因此不像哈贝马斯那样主要对准"系统"（货币导控的市场和权力导控的行政）对"生活世界"（人们获得意义、团结和认同的场所）的侵犯，而是对准发生于生活世界内部本身的歧视和误解。在一篇与别人合写的论文中，霍奈特还指出，最近几十年来的资本主义社会的问题不仅可以用"系统对生活世界的殖民化"这个哈贝马斯命题来解释，而且可以它的逆命题即"生活世界对系统的殖民化"来解释。原来批判理论家们讲系统控制日常生活，工作场所对工作者的异化，货币和科层体系对人的压制等。经过种种努力，现在的行政和经济领域的弹性更大一些了，资本主义企业对人的多样的才能素质的容纳程度要更大了，在工作场所也鼓励你发挥情感的作用，实现个人的兴趣，让你满足友谊忠诚等生活世界中的价值。这些本来是进步的东西，但霍奈特说，恰恰这些成就带来新的问题。私人生活领域和职业领域的界限模糊，使得职业以外的个人素质和朋友关系都变成为资本盈利的工具；原先比较普遍的成就标准和能力标准，现在被局域化了，而这导致行动主体在实际的职业领域之外寻求对他们的表面上出色的成就的承认，比方说，在各种各样电视脱口秀上抛头露面。这些批判很有些意思，它们对一些进步成果重新作反思，把旧问题的答案本身作为新的问题提出来。这种深度反思的态度，大概是批判理论的最大优势，它使我们对现代社会和进步事业的复杂性有更多认识。

石剑锋：西方左翼对西方现实的批判，是否意味着他们在一些基本的社会价值和政治机制等方面与自由主义和保守主义有根本分歧呢？

童世骏：我的印象是，在现代西方，即使是自由主义者甚至保守主义者现在也不敢说否定平等，即使是保守主义者或左派也不敢说否定自由；直截了当地说民主、法治等等不是"好东西"的人，好像是不多的。实质性的争论不是要不要承认这些东西是"好东西"，而是这些"好东西"的实际含义是什么，它们如何从理念变成现实，尤其是，一旦这些"好东西"之间发生冲突了，它们之间如何排出一个先后顺序来。以民主为例，保守主义会强调民主在许多必须承认权威的领域中并不适用，自由主义会强调民主与个人自由不能相冲突，而左派则更多地强调民主原则必须与市场原则划清界限。近几十年来影响较大的商谈民主理念对西方左翼有较大吸引力，很大程度上可以看作是西方左翼对现代西方政治制度和政治文化内在批判的结果。商谈民主并不是对选举民主的否定，而是把商谈看作与选举同样重要但有不同作用的民主环节。其实这一点，中共的创始人之一李大钊就有相当清晰的论述。左翼与自由主义和保守主义在民主问题上的不同还表现在，左翼思想家通常更加重视在民族国家层次以上的民主，如欧盟甚至全球治理方面的民主，以及民族国家层次以下的民主，如社区甚至工作场所的民主。

石剑锋：很遗憾的是，尽管过去十年，资本主义体系经历了一系列危机，特别是 2008 年金融危机，但左派似乎并没有提出他们的看法，他们的声音很虚弱。

童世骏：金融危机以后，左派似乎有些失语；资本主义出了那么大麻烦，本来以为左派可能会出现一个大的反弹，但目前看来无论在理论上还是在实践上，这样的反弹或复兴好像都没有出现。政治上，欧洲左翼政党的日子反而更不好过了。在对资本主义的研究上，左派好像也没有从金融危机中提炼出新的话题和新的概念。当然，在发生 2008 年甚至 1998 年的金融危机之前，西方左翼理论界已经在努力适应全球化、风险社会和信息社会这样的新语境了，而我们也可以说，全球金融危机并没有从根本上改变这样的语境。另外，金融危机以后，虽然大的左翼理论或许没有出现，但对资本主义的一般批判应该说是更加理直气壮了。在目前的世界上，毕竟就连一些资本主义的辩护士们，也在对资本主义进行反思和批判了，比如索罗斯就有对全球自由资本主义相当尖锐的指责。格林斯潘也公开承认自己以前的世界观错了，说金融危机的发生使他意识到，没想到金融业的有些人居然会自私自利和不负责任到这种地步。

石剑锋：西方左翼思想进入中国，想必会发生一些变化吧，您能不能谈谈？

童世骏：当然有变化，因为思想的语境非常重要。西方左翼关注的问题跟我们有很大差异。比方说他们关注同性恋问题，在我们这不是太大问题。哈贝马斯有关基因工程也有很多讨论，在我们这好像也不是大问题。但哈贝马斯对宗教的讨论，对移民问题的讨论，与中国语境的相关性要大一些。我自己从事的当代中国人精神生活研究，从哈贝马斯对所谓"后世俗社会"的研究那里获益不少。另外，我们这对"三农"的讨论，对农民工问题的讨论，也还是受到西方影响的。可以说关心这些问题的不只是左派，但我觉得左派和自由主义关注农民工有不同角度。自由主义强调农民工的迁徙自由、居住自由和土地流转自由等等多一点，而左翼则强调他们的社会福利和政府保障多一点。从左派的立场来看，土地流转自由等等很可能反而加剧农民目前的困境，把他们更赤裸裸地放到全球资本主义体系之下。这样的视角在全面考察中国"三农"问题时是应该重视的。

石剑锋：是否可以这样说，在中国，自由主义往往从制度层面来思考现实问题，而左派更多关注解决问题的具体方案？

童世骏：左派和自由主义对现实问题本身的理解当然就有分歧，而他们对现实问题的解决方法的分歧确实也不能忽视。左派的特点不仅在于更关注贫富差距拉大这样的现实问题，而且在于希望用一种明确的集体意志和集体力量，这常常就意味着国家政策和政府措施，来加以解决，而自由主义则很大程度上希望靠自发的力量、自发的秩序来解决问题。这里势必牵涉思想与体制的关系问题。当代西方左派多半进行的是内在批判而不是外在批判，也就是说更多地是以西方既成体制自身的一些原则，当然是经过左派解读的那些原则，来作为批判的依据和标准。自由平等团结的理念，或民主法治人权的理念，它们再怎么复杂多义，也不能说与西方现存体制毫无关联，同样也不能说在人们对西方现存体制的批判中一无用处。在很大程度上，中国左派的社会批判也是一种内在批判，至少在我看来它应该是一种内在批判。而这种内在批判在我们这应该是更加名正言顺的，因为我们国家按宪法规定实行的是社会主义，自觉继承的是社会主义传统，努力维护的是人民求解放谋幸福的社会主义原则。因此，在我们这里，原则上用不着拿国家基本原则以外的某个原则来责备我们现在所做的有些事情，来诊断我们看到的有些问题。用理念来掩盖问题不对，用问题来否定理念也不对。

石剑锋： 有些社会争论一不小心就把问题根源归结到体制或制度，对此您怎么看？

童世骏： 学术问题争着争着就变成人品问题，社会问题争着争着就变成制度问题，这两种现象确实存在。如果说"左派"的一层涵义是激进主义的话，那么这种"人品还原论"或"制度还原论"，倒可以套上一顶"左"的帽子。用这种态度来讨论问题，会忽视从学术观点到个人品质间的大量复杂环节，会错过从具体问题到根本制度间的大量复杂因素，对这些环节和因素缺乏耐心去仔细研究，因此常常是大争一场却收获甚少。以这种态度进行讨论，即使并无太大观点区别的人们之间，也可能显得剑拔弩张；而克服了这种态度，哪怕不同观点的人们之间，也已具有了一种最重要的共识。

与李泽厚关于"体用""超越"和
"重叠共识"等的对话 *

李泽厚： 你是很早就研究哈贝马斯（Jürgen Habermas），我看过你写的文章。你是搞外国学问的。

童世骏： 对，我的博士学位是在挪威拿的。博士论文写的是哈贝马斯与中国现代化之间的关联及讨论，里面有一部分是评论您提出的"西体中用"。

李泽厚： 是嘛，那是遭到了很多批判的提法。

童世骏： 我倒是没有批判。我发现这个提法有非常重要的见地，并且去做了一番解读：我觉得您表达的这一观点与毛泽东的"洋为

---

  * 本文是作者与李泽厚先生的对话（牛婷婷记录并整理），原载《哲学分析》2012年第1期，后收入李泽厚、刘绪源：《中国哲学如何登场？——李泽厚2011年谈话录》，上海译文出版社2012年版。

中用、古为今用"有共同之处。因为您讲的"西体",基本上可以理解为"今体",也就是指西方影响下的中国当代社会日常生活。如果把它理解为"今体",那么"中学为用"其实就是"古为今用"了。

李泽厚：对,实际上是一样的。我所谓的"体"讲的是"实体",就是"社会实在",每个人的日常生活,身体性的、物质性的,而不是那些精神、意识或民族意志之类的范畴。

童世骏：然后我们还要承认一个事实:当代中国的现实,已经不再是纯粹的中国现实。

李泽厚：就是,小时候学的数理化,现在用的空调、电视等都是从西方来的嘛。我提出"西体中用"很多人不接受,好像一讲"西体"就会把我们的"身体"都变成西方的了,其实不是这个意思。而且"西体中用"主要是针对"中体西用"提出来的,冯友兰了解我,当时情况下就写了墙上的条幅给我:"西学为体,中学为用;刚日读史,柔日读经。"最近我与刘绪源谈话,我要他去查查冯友兰写的《新事论》,那里面的一些思想观点,就跟我相通。

童世骏：实际上冯友兰先生那个时候已经受到唯物史观影响了。

李泽厚：是,当时他受到唯物史观影响,甚至还被当作"危险分子",被国民党抓起来过。

童世骏：我也去拜访过冯友兰先生,我的导师冯契先生带领着我,还有陈卫平一起去的。

李泽厚：你们的冯契先生是个好人,我当年跟他接触过。

与李泽厚关于"体用""超越"和"重叠共识"等的对话

童世骏：很早我就注意到，您对冯契先生很重视，但是您跟他的观点是不同的。

李泽厚：对，我不赞同他的观点，但他的为人我非常尊重。他人真好，是老一代的真诚的革命知识分子。

童世骏：我跟杨国荣都是您的老粉丝了。我俩有个共同观点，从 20 世纪 80 年代，甚至到目前为止，中国哲学届乃至整个中国思想界，真正创造自己的思想体系，做出有价值的东西的大家，一位是您，一位是我们的冯契先生。具体的实际影响上，您比冯契先生更大。

李泽厚：是嘛？我自己倒没有感觉，我总觉得自己老是受批判的。（笑）

童世骏：1989 年我在挪威待了一年做访问学者，在那里讲了一个系列的中国哲学的讲座，后来挪威方面把我的讲稿印成了一本书，标题就是"辩证逻辑和实践理性"，用的就是您跟冯契先生的核心思想的概念。那本书里面把冯契先生的"化理论为方法，化理论为德性"强调了一下。关于这一点，冯先生自己在一次全系大会上表示了肯定。最近我关于您的一次评述，是涉及您对罗尔斯（John Rawls）的"重叠共识"观念的评论。我写了一篇文章，初稿是用英文发表的。2007 年在韩国召开世界哲学大会，我去讲的内容就是关于罗尔斯的 overlapping consensus，题目有点"奇怪"的，叫做 "Overlapping Consensus over Overlapping Consensus"（关于重叠共识的重叠共识）。因为我觉得对 overlapping consensus 有不同的理解，这几种观点也可以说是从不同的角度认可了这个命题。我主要是梳理了几位的观点，有罗尔斯本人的、哈贝马斯的、查尔斯·泰勒（Charles Taylor）的，最后一部分是专门讲您的。我注意到，在讲到重叠共识的时候，您是认可这个概念和观点，而且您设法解释，为什么在当代社会有重叠共识。哈贝马斯、查尔斯·泰勒这些人都没有这么做过；这就可以看出来您一直在坚持唯物史观。

李泽厚：对，一点没错。我一直讲，我是用马克思主义做基础。

童世骏：我觉得这是很有意思的工作，而且做了一点发挥：马克思在《费尔巴哈论纲》里面写道："凡是把理论引向神秘主义的神秘东西，都能在人的实践中以及对这种实践的理解中得到合理的解决。"好多问题实际上是靠实践来解决的，比如说 Why to be moral? Why should we respect consensus?（为什么要有道德？为什么要尊重共识?）像这种问题最终的解答是在实践当中，就像您讲的那样，我们的生活都已经有那么多的共同点了，那么自然而然地会有共识。

李泽厚：这个很清楚的。最近利比亚、埃及的事件就可以看出。经济发展全球一体化的巨大影响，在经济一体化之后就必然要求在文化思想领域有相应的趋同，就看你自觉不自觉了。

童世骏：然后您区别社会道德和宗教道德。社会道德是比较容易达成共识的，但是可以出于不同的宗教背景来理解，来接受同样的社会道德。

李泽厚： 我一直认为提出这两者和指出这两者之间的关系，是很重要的，但是很少有人重视。你注意到了，我非常高兴。

童世骏： 我注意到了，然后我做了自己的一番评论——当然是受到哈贝马斯的影响了的。哈贝马斯自然有他的不足之处，他不大容易接受 consensus on the basis of different reasons（基于不同理由的共识），他希望交往过程最后实现一个基于理由的共识（consensus on the basis of reasons）。受罗尔斯的影响，他后来能够较多地去接受对共识背后的不同理由，但总体上，比较而言，他在接纳多元的东西方面还是显得有点吃力。但他有一个优点，那就是把"共识"分成两种类型，一种是 consensus as a social fact，一种是 consensus as a cognitive achievement，即作为社会事件的共识和作为认知成就的共识，当然这里用词不是他用的，是我自己的概括。我觉得这个区别非常重要，其重要性在于，如果我们只是对 overlapping consensus 做一种几乎是因果性的解释，也就是去寻找一个现实的背景，去理解为什么在这种背景下会出现这样一种 overlapping consensus，就会出现一个问题：会对客观的趋势过于消极地顺从。但我觉得之所以要强调 overlapping consensus 观念，恰恰是因为在这样一个全球化、同质化趋势十分强烈的时代，实际上是要承认"多样性"，这样 overlapping consensus 的要点不在于 consensus，而在于 overlapping——也就是基于不同理由的共识。

李泽厚： 所以我为什么总讲宗教性道德与社会性道德，这个重叠共识是社会性道德，共识的文化宗教的背景还是有不同，即多样性，但是所有的共同性认识——就像马克思说的——是社会存在造成的。全球一体化使这问题特别明显，但是这并不消除多样性；恰恰相反，全球化可以向更加合理的方向发展，并且适应不同的文化和宗教。也就是说可以既有差异又有共识，保持两者之间有张力，并不是消极地对立，社会存在从而给共识以一个非常强大的物质基础。我觉得哈贝马斯就是没有这个基础，他就单单讲协商，讲商谈理性，那只是书斋理想，没有这个物质基础就不可能。这个物质基础也就是"体"，这是个实体，即亿万人民大众的日常生活，这是最重要的基础，所以说是亿万人民推动历史前进，这还是马克思的观点。现在好些人说马克思主义过时了，不对，马克思主义有自己的优势，应该加以很好地发展。我在国外也这么讲。中国学者要抓住这样的基础，把它很好地发展。

童世骏： 这与近来很热门的"中国模式"话题有关。我虽然承担国家课题研究中国模式，总觉得应该非常谨慎地用"中国模式"这样一个词。

李泽厚： 我是对中国模式一直寄予厚望的。

童世骏： 我注意到您很早之前就讲过希望中国走自己的路，探索自己的发展模式。

李泽厚： 对，我一直讲中国要探索自己的发展道路，但是不能说现在就是"中国模式"，那是非常危险和错误的，说现在就很好了就可以固定下来是不行的，我们还在探索之中。比如经济方面有很大成果，的确存在中国自己的模式。讲的具体一些，乡镇企业、政府出面招商引资等是其他国家发展过程中从来没有过的，这些都是成功的经验。但是这条经济大发展路上现在还有很多问题和难题，其他方面更加如此，所以不应该自我感觉过于良好，还是要有忧患意识，如果现在就说满足了，就很不好。我觉得中国模式只是一个目标，要继续努力，探索如何去做，做出来是对人类的巨大贡献，对全世界都有意义。

童世骏：是，在这一点上我们的政府还是很清醒冷静的，就讲经济方面，中央一直在讲经济发展方式的转变，如果中国模式已经有的话，何必还要讲经济发展方式的转变呢。

李泽厚：我觉得政府比好些学者脑袋清醒一些。

童世骏：中国的现代化过程中，20世纪初期关于道路选择的争论，以及1949年之前我们的探索，都是很有价值的，很多思想资源是值得今人重视的。我个人很喜欢李大钊的。李大钊的东西特别有意思，我觉得他是一个我们中国共产党自己的非常丰富而且没有被污染过的理论资源。他正面反面都没有被批过，也没有像瞿秋白、陈独秀他们走过一些弯路。不知道李老师您对李大钊怎么看？

李泽厚：李大钊的东西我很久之前就读过。我在书上也谈到过他，但并没有深入研究，我同意他是没有被污染过的。我记得在《中国现代思想史论》这本书里也说过李大钊向往乡村的质朴干净。但陈独秀作为早期的马克思主义传播者、中国共产党的创建者和领导者，而且晚年有深入反省，所以他是很了不起的，但可能理论上不如李大钊，20 世纪 80 年代初我读过一本讲李大钊的书，是 Maurice J. Meisner 写的，讲李大钊的民粹主义，算是外国学者中比较早关注李大钊的。

童世骏：对，我也读到过这本书，并且在我的一篇文章中引用过 Meisner 的观点。但我觉得他对李大钊的肯定还很不够。我受到了我的导师冯契先生的影响。冯先生对李大钊的评价蛮高的，他曾经说过这么一句话："中国马克思主义的起点并不低。"我向李老师汇报一下我对李大钊的理解。我觉得他最了不起的地方在于，他在自己的著作当中，可以大段引用穆勒，又同时大段引用鲍桑奎，引用卢梭、引用黑格尔这条线，用现在的语言讲，也就是说他可以既吸收自由主义的思想资源，也可以吸收共同体主义或者说新黑格尔主义。从卢梭到黑格尔都区别"公意"和"众意"，这个区别是自由主义不做的，但是李大钊觉得民主政治的基础是"公意"而不是"众意"。但是公意怎么形成，李大钊是用自由主义来解释的，他并不把公意看成一个形而上的神秘主义的东西，他受穆勒的影响，非常强调思想自由、言论自由。

李泽厚：就相当于用穆勒或密尔来解释卢梭，那就很好。大约你也知道二次世界大战之后，很多人说卢梭是希特勒的源头，好像还包括罗素也这么说。记不准确了。

童世骏：因为公意你没有给它一个社会学的比较说得过去的基础的话，总要有一个社会载体的。这就容易出大问题。这些是李大钊很有价值的地方。

李泽厚：是，毛泽东也有类似的观点。他说代表人民根本利益，在中国的语境里面讲，可以理解为"of the People"和"for the people"。前者是空话，后者中国传统里就有。"为民做主"与"为人民服务"，其实是一样的。重要的是"by the people"。我对李大钊的研究太浅，不好多说，我倒是希望你去深入做。因为很少有学者能用英文发表很多东西，你有这个能力，应该尽量去发挥这个优势。我多次说过，我们对外国的了解比外国对我们的了解不知道超出多少倍。而中国学问真正地让外国人了解，这个任务是非常非常艰巨的。以前他们觉得无需了解，现在中国经济大发展了，开始觉得需要了解了。但汉语、汉字都那么艰难，要欧美人了解中国文化、思想，我是估计要几十年甚至百年以后，但是你现在就可以开始做起来，要做别人做不了的事情，要去选择做外国人没法搞或者做不好的东西，包括做外国汉学家做不了的事情。例如，他们做孔子、孟子等可以做得不比国人差，但要他们做近现代的话，在掌握资料的广度上，在切身体会的经验上，就没有中国学人的优势。给外国人写东西不必多，发就发在他们最好的杂志上。

童世骏：好，我会继续努力。我上个月去挪威那边一个国际暑期学院讲了四次。我的身份是分班主讲，也是大班结业仪式的主讲。

我自己开玩笑说，去年的诺奖事件说明，需要我们去给他们上上课了。

李泽厚： 从这个事情确实可以看出，外国学术界对中国的了解非常浅薄。

童世骏： 对，非常地简单化。我这次在挪威讲的内容和李老师您又有点关系，主要讲的是梁漱溟。我注意到您是蛮欣赏梁漱溟的。我是从罗素（Bertrand Russell）在1922年写的那本《中国问题》开始说起，谈"从中国问题到中国模式"。罗素的这本书，虽然标题是"中国问题"，几乎就是在讲"中国模式"。他对中国非常欣赏，对它有很多肯定。而梁漱溟在1972年写了一篇文章，高度赞扬罗素的《中国问题》，并且他把这篇文章作为他生前最后一本书《中国——理性之国》的序言，梁漱溟在自己的这本书中讲，理性这个概念应该如何理解，如何看待，我觉得和您提出的"情本体"有共通之处。

李泽厚： 我很喜欢梁漱溟。在中国文化或者中国思想界中，他把握住了真正的东西。他没有受过西方那套东西的训练，反而对中国把握得比较正确。钱穆也是，尽管钱穆不是搞哲学的，也没有形成自己的理论体系，但把握也很准确的。我的书里提到过。顺便说一下，我自己一直认为我讲伦理学比我讲美学对今天来讲更为重要。我最近出版的这本书《哲学纲要》，也是我最后一本书，是自己对以前作品的"旧货改装"，认识论部分很短，这次加了文章，就是《答问》，没在别处发过，有一点新意思，但恐怕不会被学者们认同。

与李泽厚关于"体用""超越"和"重叠共识"等的对话

童世骏：您对中国思想界还是非常重要。

李泽厚：是嘛？我过时了，哈哈。

童世骏：还是非常重要。

李泽厚：当年我不管别人怎么说，自己干下去就行了。现在干不动了，这是最后一本书。

童世骏：哈贝马斯是 1929 年出生的，您比他小一岁吧？

李泽厚：是，哈贝马斯的著作都是大部头，我的作品都很小。这本书的《伦理学纲要》里面有一些东西我自己还是很重视的。我对康德的解释有与别人不同的地方，我把伦理（ethics）和道德（moral）做一种较严格的明确区分。伦理是外在的，制度、秩序或者说具体的观念，因此是相对的，不同时代有不同的变化。虽然会有继承的一面，但是有变化的，比如说"忠君"、"守节"的含义都有不同。内在的是"道德"，是人类的心理结构，我认为就是康德讲的绝对命令。它实际上是一种心理形式。也就是说，即伦理、制度、秩序所培养出来的人们所具有的心理结构是绝对性的。从历史来讲是通过实践，从个体来讲就是经过教育。广义的教育即对人从小就有的教导、培养、影响，等等，比如从小教小孩子不要抢别人的糖果，不讲谎话，不要欺辱别人，等等，这培养的就是道德。

童世骏：就是"内化"。

李泽厚：对。培养的是一种心理结构，这种结构是理性的绝对命令，是感性存在对理性律令的服从。康德绝对命令最大的问题在于第二条"人是目的"。怎么说呢，因为这是具体的伦理学范畴。"人是目的"是相对的，是一定时代条件下的产物，并非普遍使用。即使今天来说，例如打仗，让你去牺牲就得牺牲，不可能把每个人都作为目的。因此，这句话是相对的，而培养的这种自我牺牲的心理结构却是绝对的。在国内外像我这样来解释康德的绝对命令好像还没有过。我认为康德这里提出的就是人性，所谓人性既不是动物性，也不是神性，恰恰是在动物性基础上所培养出来的人的心理能力和人的心理感情。外在是人文，内在是人性，而人性是由外在人文培养起来的。从历史上讲是这样，从个体上来讲也是这样。

关于 human nature（人性），古今中外都讲了不少，但什么是人性却仍然并不清楚。我把它看成是由人所造成的心理结构，也就是"文化心理结构"，我讲"积淀"，也是指人形成了自己所独有的这种文化心理结构。这是一个非常重要的问题。将来如果脑科学进一步发展，希望在自然科学上会出现对人性、对文化心理结构支持性的论据。20 世纪就是被语言哲学控制了，它几乎统治了一切。怎么样能"走出语言"，又走到哪里去？我想提出这个历史性的心理学的方向。

童世骏：但你重视的道德心理学，moral psychology，是否从某种意义上可以说从 moral 的水平又回到了 psychology？

李泽厚：是的，但 psychology 不是从经验水平上讲的，而恰恰是先验的，是人类的，是形式的。心理学整体水平来讲还是处在

baby stage，是刚刚起步的阶段。现在研究最多的还是感知觉之类。对于什么是想象；什么是情感；什么是理智、理性、理解还不可能有很好的解释，更不要说道德判断了。脑科学不发达的情况下，心理学根本不好解释，顶多是描述现象。21世纪来不及了，可能是下个世纪或者更远，经验心理学会得到重点发展。搞哲学可以看得远一些，我把它称为先验心理学。而实际上康德的东西就是先验心理学，强调心理形式和结构，在哲学研究上给我们指出了这个方向。所以，moral psychology 并不是回到心理主义上去，可以说它是更高一级的心理主义，是超越了心理主义和逻辑主义的。

童世骏：但是接下来又有了一个问题，心理主义受到攻击很大程度上是因为它是以个体作为基础的，而像道德这种东西是不能用个体来解释的。

李泽厚：对，所以我觉得康德强调的是培养一种人类特有的心理形式，尽管必须落实到个体上，但并非个人的经验，这就是康德"先验"一词的本意。康德厉害之处在于他把这些总结为理性命令，形式是空的，不断地有外在的东西去形成内容。比如，"9·11"恐怖袭击中，救火队员不怕牺牲，恐怖分子也是不怕牺牲，从心理形式上讲是一样的，是可以等同看待的，这就是我讲的先验性。

童世骏：这种角度非常重要。康德讲过一句话，罗尔斯也曾经引用过，我觉得非常了不起，就是"如果正义泯灭了，人类还是否值得在地球上生活"。原来我一直觉得这句话很好，后来觉得有点问题，最近挪威的恐怖主义袭击发生之后，又让我觉得这句话的问题更大。

李泽厚：把内容和形式混在一起，就是把道德和伦理混在一起。比如救火队员和恐怖分子的行为，从道德上两者都是一样的价值。但是从伦理上讲，前者是代表地球上绝大部分人的利益，后者只是代表极少数人的观念或利益，这里有对错之分，但是没有善恶之分。在某些地区或国家，人们把恐怖分子奉为英雄，所以在伦理学上要分清对错与善恶。伦理是外在的，有具体内容，是社会的、时代的，从而是相对的；心理是积累、积淀形成的，从而是绝对的。

童世骏：也就是说，我们从皮亚杰（Jean Piaget）、科尔贝格（Laurence Kohlberg）的角度来讲，单就从道德意识的逻辑发展角度来看，恐怖主义也可以达到比较高的层次和级别。

李泽厚：对，当然能达到很高境地，最高级的牺牲就是生命的牺牲，牺牲可以超越功利。所谓道德就是不管因果，是超越因果决定论的；他突出的是绝对命令（categorical imperative），是自由意志（free will）。他去牺牲自己的生命，不管因果，不计利害，不管功利。这是最高境界了。

童世骏：拿近期挪威的恐怖袭击来做例子。恐怖分子布雷维克在他的博客里引用康德、约翰·斯图亚特·密尔等哲学家的话。有报道说他引用过密尔的话："one person with faith is equal to thousands of persons with only interests"（有信仰的一个人抵得上只知道利益的千万人)。这么看来,哲学也有危险的地方。

李泽厚:我强调把伦理和道德做清楚的区分,区分心理形式和伦理内容。伦理上是错误的行为也可能同样是出于道德意识。所以,道德教育两方面都要兼顾,并且必须通过正确的伦理教育才能够成功。同时,我强调"情感",要注重去培养人的正面情感,培养爱人的情感。所以我在书里说,我要康德加休谟。

童世骏:我是 1975 年开始参加工作的。现在回想起来,那时候的很多"文革"歌曲,以及"文革"后开禁的那些革命歌曲,至今都记忆犹新。有时候我在想,这样的歌曲,难道都是违心写出来的?从不少歌里你是可以听出健康的、向上的、真诚的情感的。

李泽厚:对,那个时代的歌曲,也可以有一种单纯、明快、质朴的美。这个不能否认。曾经有人把"文革"拿出来和纳粹比,我是明确反对的。包括新中国成立初期一些老先生,像朱光潜、冯友兰、金岳霖、顾颉刚以及汤用彤、宗白华他们,当时作出的自我检讨是真诚的,都真的相信是自己以前错了。很多人不理解,说他们是受了压力,受了胁迫,其实根本不是,大都还是自觉自愿的。我曾经讨论过中国的知识分子为什么能接受马克思主义。这是思想上的问题,而不是简单的政治问题。知识分子们当时是真的觉得马克思主义有说服力。中国传统思想和马克思主义的有些东西非常接近,让我们在心理上容易接受;共产党更在实践上做出了证明。这似乎是一种"天道",一种历史的规律性和历史的必然性。于是,大家就比较容易地接受和相信了。

童世骏：您的这种观点和梁漱溟是一致的。在《中国——理性之国》这本书里面他解释中国为什么没有"变修"，而苏联"变修"了，这部分很有意思。中国文化和马克思主义之间，可能是真的比其他文化更为契合。

李泽厚：对，比如那时杜威在中国的影响也很大。但是，杜威的问题有两点：第一他不承认客观规律；第二他不承认有个大同世界。而这两点马克思主义都有，所以我觉得抛弃杜威选择马克思很自然。马克思主义里面有很多都与中国文化心理的重要特征相契合。

童世骏：这就涉及我对您的另外一个观点的理解。您是反对"内在超越"这个观点的。我写过一本很小的册子《文化软实力》，里面梳理了中国传统文化里面很具有现代价值的东西。我举了三个人的例子：一个是我自己导师冯契；一个是牟宗三；一个是您。冯契讲自觉原则和自愿原则的统一，西方的自愿原则很强的，意志主义很强烈，而中国非常强调理性自觉的重要性。中国人不是不讲自愿，而是认为我们可以先自觉然后再自愿，懂得天道之后然后我们来自愿地选择某种行动。牟宗三先生是讲"忧患意识"。您是讲"乐感文化"。我觉得这三者之间可以作出联系和分析。受到哈贝马斯的影响，我认为从现在的哲学论证当中你很难找一个基础，然后来一步步地得出一个很确定的推理。但是当你在完全不同的思想传统发现了共同点，发现它们之间相互呼应，出现了这种局面的话，就有很大的说服力了。您、冯契先生、牟宗三先生,三位的思想传统、来源,以及个人身份都很不一样,而且侧重点也不一样——一者是忧患意识,一者是自觉原则,一者是乐感文化,但是还是有共同点——都讲中国传统是在"这个世界"上进行努力,然后可以超越。这一点是不是也可以说成是广义的内在超越?

李泽厚:我觉得"超越"是一个有基督教的传统、神学传统的概念,来自上帝,因而它只能是外在的,不可能是内在的。如果非要说内在超越,这在基督教里就是异端教派。"内在超越"依康德看来就有矛盾,"内在"就不超越,要是超越就不是内在的。"超越"仍应译为"超验",即超出经验。

童世骏:但是,李老师我有一个理解,或者说一种没有把握的意见。我是从雅斯贝尔斯的角度来理解。他和德国古典哲学家们(比如黑格尔)之间非常大的区别就是他承认中国文化的地位,并且把中国文化也作为轴心文明之一。轴心文化的核心是 transcendence,这是他明确指出的。雅斯贝尔斯认为中国文化之所以也是轴心文明之一,是因为中国也出现了超越的观念,世界也出现了两重化。

李泽厚:我对雅斯贝尔斯的怀疑在于,他之所以把超越作为标准,是因为他相信上帝,他的存在主义(或生存哲学)是很明确的有神论。

童世骏:雅斯贝尔斯是承认儒家和道家也是超越的。

李泽厚:但是西方讲超越语境是两个世界,并且一直是这种传统。柏拉图讲两个世界，基督教也是两个世界，到康德谈本体、先验性也内含两个世界。而中国恰恰没有两个世界，只是一个世界。一个世界就没法去超越，你没有上帝，没有另外一个世界，超越到哪里去呢？——除非把中国也拉到那个世界去，汤一介似乎就是这样。

童世骏：最后我就落脚到谈汤一介先生。很简单，雅斯贝尔斯承认中国也有超越性，接下去要问的问题就是与其他轴心文化相比，中国超越性的特点在什么地方？余英时和杜维明都试图去做出解答。

李泽厚：余英时后来有改变，他就不讲内在超越，他讲"内向的超越"，翻译为 inward transcendence。

童世骏：Inward transcendence 这个提法呢在我的理解，是回避了基督教及神学影响的概念。假如我们是广义地来理解超越这个词的话，引用您自己的话，您在《美学四讲》里面谈到审美的三个层次："悦耳悦目"、"悦心悦意"，再到"悦志悦神"——"悦神"不就是超越嘛？（笑）

李泽厚：那也不算是。这里的"神"不是真正有个 god，我的"神"指的就是爱因斯坦意义上的"宇宙"——其实康德也这么讲，中国的传统哲学里面也有这么个意思——宇宙为什么存在？为什么这么有规律地存在？这是不可以理解的，是人的理解之极限，即所不能逾越的、所不能达到的，可以称其为"理性的神秘"，即我所谓的"神"。我在前两年的文章详细讲过了，不过没有引起太多注意。

童世骏：这使我想起爱因斯坦的名言："The most incomprehensible thing about the world is that it is comprehensible"。但是我要回到您刚才讲的马克思主义和中国文化的契合点，实际上中国文化还是把世界分为两重的，只是这个两重和基督教不一样，不是一面外在、一面内在的，而是把最基本的世界分为理想世界和现实世界。

李泽厚：所以你看，我的书的一个标题就是"双本体论"——工具本体和心理本体，就是想做这个区分。但是，我还是坚持这不能算是 beyond，也就是一般意义的"超越"。

童世骏：那么从这种意义上讲，中国是没有的 transcendence 的。我注意到您也在几个场合提到，中国比较容易出现缺乏信仰的状况。

李泽厚：对，现在这种情况很严重。

童世骏：那么我就有个一厢情愿的想法了：在这种情况下，我们是不是就把我们中国文化传统当中的一种东西，这种东西您不愿意叫做超越，但毕竟它也是一种——像冯友兰讲的天地境界……

李泽厚：（笑）我倒觉得你大可不必硬要去追求"超验"，不需要把雅斯贝尔斯的标准作为标准。就讲中国自己，讲一个世界，这个世界并不是没有理想，当然有理想。

童世骏：对，就像中国接受马克思主义。说到底，马克思主义就是一个要把理想和现实结合起来的东西。

李泽厚：就像我讲过中国没有神，没有安慰和依靠，因此人的生存更加悲苦。我觉得章太炎讲得很好。他说中国传统式"依自不依他"，依靠自己不是依靠外力，包括上帝。还有一句"语绝于无验"，不讲不能验证的东西。这十个字概括得很好，意思就是中国文化不讲绝对超出经验的东西，"子不语怪力乱神"——不包括"神"在内么？

童世骏：但是没有这个超越的东西在，会出现很多问题。

李泽厚：是存在问题，所以有人提出建立孔教，但我一直以为建不起来。建孔教恰恰不符合孔学宗旨，中国不建教，不仍然延续发展下来了么？即使历经苦难，仍然松柏不凋。我就不相信建孔教就会道德完善，万事大吉。

童世骏：说到宗教，其实即使在西方，我遇到的知识分子也极少是信仰宗教的。拿您和哈贝马斯做例子，您年轻的时候也不那么讲宗教问题，进入老年之后讲宗教多一点。而且我观察到哈贝马斯最近几年也讲宗教多一些。当然这会有很明确的社会原因，现代社会出现一些争论，比如在遗传基因的争论上，世俗的论据越来越力量不够，他要求助一些神学的论据。但是，我觉得跟个人的生命经历也有些许联系。

李泽厚：人老便直接面临死亡。宗教存在和出现的原因很多，死亡问题占的比重不小。

童世骏：曾经有一些神学家请哈贝马斯做了一场报告，他就讲到他有一个已经去世的老友，这位老友不是宗教徒，但是去世前留下一个遗言，说道别仪式要在教堂举行，但是不能用宗教仪式。哈贝马斯就对此事进行了发挥。他说在这个时刻，就是这么一个无神论者，也觉得世俗的语言远远不够。

李泽厚：我说美育代宗教也是如此，以求到一种新的境界——没有上帝的悦神的境界。

童世骏：您的意思是说没有神的"超越境界"？

李泽厚：不，没有神的"天地境界"，借用冯友兰的术语，我在《华夏美学》里就使用过了。

童世骏：（笑）不用"超越"，您不愿意上我的当。我曾经主持过一个名叫"当代中国人精神生活调查研究"的国家级课题，在全国 20 个省、自治区、直辖市做广泛调研。发放的问卷内容是关于中国人的精神生活，包括琴棋书画、情感信仰，其中最重要的核心当然是灵性生活。在问卷中我们设计了一个是否有宗教信仰的问题，统计出来的结果是 16 岁以上的中国人中大约有 31%—32% 的人选择了"有"。这里所谓的宗教信仰是广义的，包括祖宗崇拜都算在内，这样的话有就有三亿人说自己是有宗教信仰。后来《中国日报》公布了我们的调查成果，引起了国内外广泛关注。之所以反响这么大，是因为现在我们官方的统计还是 1965 年的。

李泽厚：是的，现在信仰宗教的人越来越多。现代生活的偶然性增大，不确定性增大，人们感觉没法掌握自己的命运，这导致信教的人会越来越多。以前求神拜佛大都是经商的，现在是很多人都去拜了。

童世骏：杜威在《确定性的寻求》中讲过，以前用宗教信仰来应对不确定性，他以为等到工业化时代，就可以用科学方法来应对不确定性，现在看来还是不行。

李泽厚：个体生命的不确定性不能用科学方法来应对。自我毕竟会觉得己之无力、渺小，总想寻找依靠、归属，以及对自我生存意义的追寻。现代化把这个问题突出了。没有战争，没有理想主义、革命主义，等等。人们会追问活着为了什么？这个大问题要找寻答案，找寻寄托。我总讲佛家最高明，最好不要生出来，生出来就有生老病死一切问题，但是我往回推，"不生出来"是生出来之后才有的，你还得活下去，所以我说"四大皆空还得活"。

童世骏：对，你所有的问题都是以你已经生出来这个事实作为基础的。

李泽厚：人生在一方面，就像苏东坡的词"何时忘却营营"——你问什么时候才能不去想维持生计；但是另一方面，等你真的不用去维持生计了，什么事情都不做"闲愁最苦"，就会更容易想生死这些终极的问题。

童世骏：我在上海社会科学院的时候分管老干部工作，于是经常跑医院，去看望那些在重病监护室里待了好多年的老同志，还有一些临终的老同志，总是引出很多感触。

李泽厚：人是动物，求生是种很强大的本能。中国哲学和西方哲学的区别很大一部分在于中国很重视人的本能。我讲的乐感文化就是重视生存，这和牟宗三讲的精神生命不一样。没有肉体哪里来的精神呢？所以要重视这个大前提，人的肉体、生理生命是很重要的。我听说美国有个调查问每个人觉得自己能活多少岁，多数人总是乐观地觉得自己可以活一百岁，这反映了人在生物进化中产生的一种求生的本能。

童世骏：这也是种"内化"，形成一种内在心理结构。研究哲学的人还是蛮幸运的，可以讨论一些每个人都会面临的、都可以去试图理解的问题。我刚才在想，你讲的心理结构从每个个体来讲，一个人哪怕不读书，只要有家庭生活，只要有同伴之间的交往，他也可以形成心理结构。但是如果我们把心理结构理解成为一个民族的、道德实践的积淀的话，那可能就需要个体去读书，去受教育。

李泽厚：对。昨天的中国文化论坛年会怎么样？

童世骏：昨天会议的主题是"理想的政体"。跟李老师讲讲我自己的看法。去年我在复旦大学跟弗朗西斯·福山（Francis Fukuyama）有一场对话也是关于理想政体的。福山认为中国没有解决"坏皇帝"的问题。我的回应是：这的确是个问题，我们很重视并且也正在想办法解决，而且要承认已经取得许多成就。可是是不是还有一个"坏公民"的问题？比如消费主义，公民如果一直不愿意改变现在的生活方式的话，人类的未来是很可怕的。在昨天的会上，不少学者说中国历来重政道轻政体，以此来论证我们对政体的看法。但我觉得，从中国历来重政道轻政体这一点出发，可以得出两种结论，它可以成为我们今天也要重政道轻政体的一个理由，但是也完全可以倒过来讲，我们今天恰恰不能忽视政体问题。因为缺什么，什么就重要，比如说水和空气对我们哪个重要？我想都是重要的。但是比较之下，缺水的时候水重要，缺空气的时候空气重要。对当代中国来讲，政体和政道两者，政体倒是更为重要的。

李泽厚：对，现在中国恰恰缺的就是形式正义，建立社会性道德，形成公共理性。西方是过头了，我们是不够。

童世骏：我的一点愚见：思想界需要一种平衡的状态。与其只有一种极端观点大行其道，不如在一个极端的观点被提出来的同时，出现另一个极端的观点与之抗衡；但最好是避免出现偏激的、非此即彼的观点。问题是，现在的情形是各种极端的观点很多，我们务必要保持清醒的头脑。

李泽厚：很对。你的头脑就清醒。

童世骏：我是觉得完全可以发掘自己的传统。为什么我那么重视李大钊，李大钊是中共的创始人，是我们自己的传统，他放在那里是可以重新发现并使用的，而且名正言顺。我们有好的传统和革命的遗产，当然也有需要检讨的地方。特别是在犯了那么大错误，走了那么多弯路之后。如果我们不认认真真来清点遗产，不认认真真地来发掘有价值的东西，我们就会白白吃亏。

李泽厚：老实讲这三十年发展得相当不错，避免了很多国家、很多社会制度在原始积累阶段的苦难。在面对重大自然灾害面前，也没有什么其他的力量能够取代中国这种从中央到地方极有效率的动员及组织能力，这是毛泽东时代建立起来的。这是应该珍惜的遗产。在《告别革命》中我讲了，像平等观念、社会正义观念，这些价值是不能磨灭的。当时我写的《告别革命》受到很多严厉的批评，现在回过头来看，我可以说，一个字也不用改。

童世骏：时间可以慢慢地沉淀下来，去澄清一切的。李老师，即使在当代的年轻人心里，您依旧是很火的。时间差不多了，谢谢您。

李泽厚：今天聊得很开心，谢谢你们来这里聊天。

我们该怎样讲述中国故事 *

所谓"软实力",从某种意义上说,就是讲故事的能力。

中国并不缺乏故事的素材。从绵长悠远的古代文化到现代中国一个多世纪的激流勇进,我们拥有着蕴意深邃、震撼心灵的中国故事。我们所欠缺的,是把故事讲好的能力。

今天,在迈向文化强国之路的进程中,我们该怎样讲述中国故事?

■以"讲故事"的方式传播中国文化,才能自然而然地吸引人,才能更容易赢得亲近与尊重、支持与信任

《解放周末》:有人说,中国有很了不起的故事,但是中国没有讲好故事。对这种说法您怎么看?在您看来,讲故事对提升中国文

　　* 本文是《解放周末》对作者的采访,原文刊于《解放日报》2012 年 1 月 6 日,采访记者为林颖、刘璐和实习生杨杰。

化"软实力"有多重要?

童世骏: 今天中国正处在民族复兴的伟大阶段,中国已经是世界第二大经济体,在政治、经济、军事、外交上的国际地位显著提升。然而中国目前的文化影响力,也就是这些年来人们常说的文化"软实力",与这些"硬实力"远远不相称,所以党的十七届六中全会提出了要建设文化强国,推动社会主义文化大发展大繁荣的战略目标。

《解放周末》: 文化"软实力"具有什么特点?

童世骏: 如果我们把由军事力量和经济实力组成的国家力量称作"硬实力"的话,那么通过政治价值观、外交政策和文化创造等体现出来的国家力量就可以称作国家的"软实力"。与政治价值观和外交政策相比,把文化作为国家的软实力,具有更为基本的意义。根据最早提出这个概念的约瑟夫·奈的观点,软实力与硬实力的区别在于,软实力的拥有者要实现自己的意志,必须经过对方的同意或者是配合,或至少是不必通过对对方的强制。简而言之,就是通过"吸引民众,而非强迫的手段来达己所愿的能力"。

《解放周末》: 从这个意义上说,讲故事的能力就应该是"软实力"的一个重要方面。

童世骏: 文化是一个民族创造力的重要源泉,一个民族所创造的文化成果,不仅是为本民族创造的财富,也为人类文化增添了色彩;它不仅能够为本民族所享用,也能为其他民族所分享。一个文化上创造力较强的民族，更容易赢得其他民族在观念上的尊重、情感上的亲近、行动上的支持。当我们以一种"讲故事"的方式而不是刻板地说教、宣传的方式来传播中国文化时，才能够自然而然地吸引人、感染人，才能更容易赢得其他民族的亲近与尊重、支持与信任。

■想让人倾听你的故事，首先要与人平等对话，用心真诚地交流更容易被人接受

《解放周末》：在对外传播中常说到争夺"话语权"。您认为，我们在讲述中国故事时应该以一种什么样的口吻？

童世骏：我不大赞成争夺"话语权"这个说法。但对外文化传播效果确实与话语权的大小有关。但是如果你总想着要争夺话语权，你往往就得不到话语权，因为你的想法总要流露出来，而听你讲话的人一旦发现你的目的不是平等交流，而是争夺话语权，他头脑中的思维的防火墙就已经先筑起来了，不再把注意力放在你说话的内容本身，而是去揣度你说这些话时想要达到一个什么目的。因为在他看来，你的每句话字面意义的背后都有了别的含义和目的。

《解放周末》：这样反而不利于传播的正确、有效抵达。

童世骏：我打个比方来说明这个道理。比如医生对病人说"这药疗效很好"。对这句话可以有不同的理解。第一层就是传达出一个信息，这个药的疗效确实很好。医生为什么在给病人看病的时候说这句话？通常情况下，他往往是用这句话安慰病人，告诉他吃了这个药，病就会好起来。病人从这个角度去理解，就是对这句话的第二层理解。但病人或许还多了一份心思，猜想这医生说这句话可能是为了推销这种药吧。如果病人这样想的话，他就是对那句话做了第三层理解。在医患关系不好、彼此信任较差的情况下，病人很容易从这个角度去理解医生。这说明，同样一句话在不同的语境里是有不同的含义的，有的是"以言说事"，有的是"以言行事"，有的则是"以言成事"。"以言说事"就是第一层含义，说者在表达一个事实；"以言行事"就是说者做了一件事情，在这个例子中就是做一个承诺，安慰听的那个病人；"以言成事"则是说话者通过说一句话不仅做出了一个承诺，而且达成了他自己的另外一个目的，往往是一个与当下对话并没有直接关系的目的，或者说是一个有意要向听话的对方隐瞒的一个目的。医生在向病人推销某一种药的时候，通常是不愿意告诉病人他正在推销这种药。

《解放周末》：也就是说，"以言成事"是把语言当做一种策略来运用了。

童世骏：对。我跟你交往，跟你交谈，我不仅告诉你一个事实，不仅让你了解这个事实，让你相信我说的话，而且要达到一个只有我知道，但我不便告诉你的目的，在这种情况下我就是在对语言做策略性的使用了——说者不直接把自己真实的目的说出来，而是迂回地、巧妙地达到自己的目的。

《解放周末》： 这意味着讲故事也要讲究表达的策略。

童世骏： 你也可以这么说。但我想，让人觉得你是运用策略达到一个没有明白告诉别人的目的，说话的效果就会打很大折扣。要避免这种情况，一个办法是策略更加"巧妙"，一个办法是干脆放弃对语言的策略性的运用，坦诚相见，平等交流，以理服人，以情动人。我赞成后一个办法。其实谁都不傻，再巧妙的策略也会被人看出；非但如此，一旦诚意受到怀疑，哪怕其实你并非别有用意，人家也至多是半信半疑。中国有一句老话，君子坦荡荡，做一个真君子是讲好故事的最重要条件。你想让人倾听你的故事，首先要与人在平等中对话，用心真诚地交流更容易被人接受。真正的对话过程，一开始是没有固定的结论的。我只是暂时地、就我当前的认知水平，认为我的观点是对的，然后跟你交谈。随着交谈过程的深入，假如我发现你的话更有道理，那就要准备接受你的观点。这才叫对话。我们在与其他国家对话的过程中，一个是话语的方式，一个是话语的诚意，两方面都要有所改进。有开放的心态，虚心地学习，相互交流，彼此理解，那样我们的中国故事才能说得更好。

■ **"和谐"和"发展"是我们对外展示的最好形象，是我们要传播的核心内容**

《解放周末》： 近年来，我国积极实施文化走出去战略，产生了积极的影响。但目前"走出去"并产生影响的主要还是汉语言教育传播、国学典籍传统仪式、非物质文化遗产、杂技、太极、武术、书法等语言类和非语言类文体活动，在展示现代中国和中国人的形象、在传播中国当代价值观方面还比较欠缺。

童世骏：价值观是文化的灵魂，所有文化产品和文化服务都包含着一定的价值取向。我们要通过我们的文化产品更多地对外传播我们的思想、观点，而不是那些细枝末节、不痛不痒、博取西方人眼球的异国情调的装饰品。党中央提出的科学发展观，所追求的目标是"以人为本，全面可持续的科学发展"，这个目标在国内体现为构建和谐社会，对外则表现在要让世界理解，中国不仅让自己的人民走上了富裕安康的发展道路，还要成为更加开放、更具亲和力、对人类文明作出更大贡献的负责任的大国。因此，"和谐"和"发展"是我们对外展示的最好形象，是我们要对外传播的核心内容。

《解放周末》：在传播核心内容过程中，传递我们的价值观。

童世骏：最近九届市委十六次全会结合上海的历史文化积淀和现阶段的发展实际，对社会主义核心价值体系进行了诠释，提出了"公正"、"包容"、"责任"、"诚信"四条价值取向，我觉得这四条非常重要，因为它们之间包含着张力。我的理解是，公正和包容是一对，责任和诚信又是一对。譬如说，公正是讲原则。讲原则就可能导致不宽容；反过来，讲包容，可能会不讲原则。把这两个并提，就把它们正面的意义凸显出来了，同时又防止了片面性。责任和诚信也是，也要放在一起。光强调责任不讲诚信，导致现在很多假话恰恰是借口要承担责任才说出来的，但确实也不能只讲诚信而不讲责任，就像鲁迅杂文里说的，一个朋友家生了孩子，大家都去祝贺，一个说他会升官，一个说他会发财，其实这些都是不确定的。最后有人说，他注定是会死的。他说的无疑是事实，很诚信，但是这种场合他说这样的话，他很不负责。

同时，这四条价值取向与世界各国人民共同接受的一些基本价值，如保障人权、民主法治、自由平等、公平正义等政治价值，公共服务、终身教育、生活质量、生态文明等社会文化价值是共通的，很容易被人理解。而最重要的是我们认同并且去实践这些价值观，如果我们每个人都信奉这些价值观，我们很自然就会去传播这些价值观，去展示体现这些价值观的作为和成就。那时候，我们就不觉得只有舞狮子、耍杂技这些才能代表中国的形象。

■不需要总把故事"拔高"，不必得出一些"说教性"的结论，故事讲好了，形象自然就有了

《解放周末》：展示形象、传播价值，往往给人宏大叙事之感，如何才能具体而生动地表达这些理念？

童世骏：传播一种思想、一种价值观往往易陷于空洞地说教，我们要学会真实地讲述活生生的故事，在故事中见人、见物、见思想、见精神，通过故事传递出文化价值和思想价值。比如，乔布斯的故事，说的是他的创业史和人生历程，但其实在表达一种价值观。

而我们中国人，如何展现中国的形象、中国人的价值观？比如，我们近年来在世界各地开办的孔子学院，不仅要对外教授汉语，还要将语言作为载体，在语言教学中传递中国文化中的思想。譬如孔子说，"为政以德，譬如北辰，居其所而众星拱之"；孟子所说，"以德服人，中心悦而诚服也"，这些都能很好地表达出由古至今中国与世界和谐共享的理念。

《解放周末》：一具体就生动，生动中更能让人有所感有所思。见微知著，反过来讲故事也可以立于微观的层面而传达重大的内涵。

童世骏：是的。比如要展示中国人的形象，姚明就是一个很好的例子。媒体不仅报道姚明在篮球职业上获得的成功，还要更多地挖掘出姚明身上勤奋、敬业、智慧、包容、富有爱心的品质，这些品质改变了很多美国人对现代中国人的印象。还有像"水稻之父"袁隆平这样在国际上频频获得崇高荣誉的杰出科学家，讲好他的故事，讲述他身上具有的科学素养、道德品格、艺术才能，也能很好地代表一个国家的形象。当然，普通老百姓，像出国旅游的中国人、留学生、商人、移民等在其他国家的故事也能展示出一个国家的形象。有一次一位奥地利官员对我说，有些国家的移民，今天到了维也纳，往往第二天就去申请经济补助；而中国移民今天到了维也纳，第二天就去找工作了。这个故事说的就是他们心中的中国人的形象——勤劳、自强。当然，勤劳自强的中国形象值得称道，但随着中国的发展，中国人向外展示的优秀品质还应该更多一些。比方说，在我们援助的非洲国家，能引起当地人尊敬的，通常是带来高技术项目的中国企业家和工程技术人员，而不是兜售廉价商品、与当地人争夺就业机会的地摊小贩。因此，随着时代的进步和国家的发展，我们要更多展现中国人的智慧和创造力，在讲述为发展中国家人民带来实实在在好处的故事中展现大国的责任与担当。事实胜于雄辩，常识蕴含深意，因此，不需要总把这些故事"拔高"，不必得出一些"说教性"的结论，故事讲好了，形象自然就有了。

■越是津津乐道地向世界"炫耀"中国传统文化之厚重，就越有可能遮蔽我们实际上已经具有的现代文化创造力和文化软实力

《解放周末》：在对外传播中我们存在着"厚古薄今"的倾向，往往还是拿四大发明、孔子、书法、汉字、功夫、长城、京剧等传统文化符号说故事，而能代表中国当代文明成果的故事还讲得很不够。

童世骏：文化传播中"厚古薄今"的倾向，与我们自己对传统文化的看法有关系。我们正在经历着从文化自省到自觉再到文化自信、自强的过程。从五四时期的"古今"、"中西"之争，一直到20世纪70年代末改革开放以来有关文化类型的种种争论，都是我们对文化的反省。过去我们走过很多弯路，曾经把传统文化当作落后的"四旧"破坏掉，现在回过头来又觉得这样做过头了，近年来兴起的国学热、读经热就是文化自觉的表现。这与我们所处的现代化阶段有关。由于现代性出现的消极后果，譬如环境污染、资源消耗、传统生活方式解体、人际关系疏远、个人生活意义迷茫、文化遗产的内在价值消失等等，都在今天的现代化进程中凸显出来，所以我们又想回到传统文化中去寻找解决问题的智慧。

《解放周末》："厚古"是因为我们在现代性中迷失了自己。

童世骏：传统的文化符号，在对外宣传中肯定是要讲的。就像日本，标志性的符号就是相扑、富士山、樱花。而我们喜欢用龙、脸谱、功夫、长城来表现，这无可厚非。记得有一年中国旅游年的标志用了北京天坛的祈年殿的符号，我觉得很好看。传统文化可以给我们提供重要的精神资源，但是不可能直接解决当今中国的发展问题，中国的发展成就中积淀着传统文化，但更多的是当今中国人民的创新和创造。我们今天要把重点放在说明现代中国人有什么样的文化创造上。否则，越是津津乐道地向世界"炫耀"中国传统文化之厚重，就越有可能遮蔽我们实际上已经具有的现代文化创造力和文化软实力。

《解放周末》：您认为，哪些文化符号有助于展示中国当代的文化图景？

童世骏：这样的符号太多了，像北京奥运会绚烂的"大脚印"、上海世博会鲜红的"东方之冠"、神舟八号、天宫一号，还有众多当代优秀的中国人的形象，都能很好地表达中国在新世纪里的文化图景。其实，中国发展到今天，外国人也很希望听到当下的中国人在说什么。就以我在与西方学界交往中的感受来说，很多国际学术会议、国际学术文集都希望有中国人参加，如果中国人不参加，这个会议、这个文集似乎就不够国际化、多元化。在很多场合，外国人都很愿意倾听他们感兴趣的中国故事，都希望听到中国人有自己独特的观点，因为今天中国人取得那么大的经济发展和社会进步，西方人很想知道这些变化背后的精神因素，很想知道这些变化所带来的思想后果，也很想知道中国学者如何理解这些变化影响下的当代中国和当代世界。

■文化创新的最根本条件是，全社会都尊重创新的人，尊重创造、尊重知识，而不是炫耀财富

《解放周末》：讲述中国故事，在物质与文化两者之间，您认为应该侧重于哪个方面？

童世骏：当然文化更为重要，不过文化往往是渗透在物质当中的。

《解放周末》：讲述文化故事的重点又在哪里？

童世骏：我认为应当重点讲述体现我们现代文化创造力的故事。说到文化创造力，我觉得我们不应该满足于整天说要创新，尤其是整天以单调的方式重复"创新"的口号。真正意义上的创新，往往并不是我们直奔而去的目标，而是我们在诸多条件下有幸得到的结果。所以最实际的用力之处是创造创新的条件。我认为，文化创新的最根本条件是，全社会都尊重创新的人。整个社会的氛围应该是诚实、自由宽松的，是尊重创造、尊重知识的，而不是炫耀财富，尤其是炫耀那种并非用自己的诚实劳动创造出来的财富。对有创造力的文化人，我们要真诚对待他，尊重他，鼓励他，宽容他，给文化人一个比较好的物质回报；要鼓励各种声音，倾听各种不同的意见，使文化创造成为一件光荣、快乐、幸福的事情。

大爱本身就是广义理性的重要内涵 *

正当人们紧锣密鼓回访汶川，准备"5·12"地震5周年纪念的时候，灾难又一次席卷而来。4月20日上午8时02分，在汶川的西南方向，雅安芦山发生了7.0级地震。

和5年前一样，人们迅速从震惊和悲痛中回过神来，积极投入到救灾中，一时间涌动起的爱心，再一次让人深深感动。

不少报道将时隔5年的两次地震进行对比，我们从中的确看到，经历了汶川地震的部队、公众、志愿者、民间组织在这一次的地震灾难中，反应更加迅速，行动更加有序。

5年前，社会媒体还远没有像今天这么发达，人们也不曾想到，可以在灾难发生后的几分钟内，就从微博上得到地震的消息；救援官兵还未抵达灾区时，人们就已经可以用微信互报平安。在之后的

---

* 刊于《文汇报》2013年5月6日，采访记者为田晓玲。

数天内，灾情跟踪、求助寻人、祈福募捐等讯息更是在网络上绵延不息……尤为重要的是，"理性救灾"的倡议开始得到大多数人的认可，地震后的几天内，不断有人提醒以合适的方式来表达爱心，给更专业的救援队伍"让路"的呼吁也在持续。

灾难当前，众志成城。网络上的声音是更广泛公众的缩影，网络上传达的爱心和正能量也是大家共同的心声和愿望。社会公众在灾难面前展现出的高尚品格和理性精神，给了身处灾难中的人们一丝安慰。

但同时，我们又不得不面对事件的另一面。网络上，有人借机传播不实消息，消费着人们的爱心，社会媒体上同样有不少负面情绪和谣言，对此，我们应当抱以怎样的态度？平日生活中，一些道德滑坡、信任缺失的事件在身边发生，这时，我们自己又做了些什么？

面对这些应当给予深思并且需要解答的问题，我们采访了华东师范大学党委书记童世骏教授。童教授长期聚焦实践哲学、社会理论、认识论和当代中国思想文化的研究。2003年至2009年，童世骏作为第一负责人承担教育部重大课题攻关项目"当代中国人精神生活调查研究"，目前仍旧领衔国家社会科学基金重大项目"现阶段我国社会大众精神文化生活调查研究"。希望通过与童教授的对话，可以帮助我们搭建起理解今天社会大众精神状态的框架和逻辑，因为拥有独立判断的能力，可能比答案本身更加重要。

■从抗震救灾中可以看到实质性的社会进步

《文汇报》: 5 年前的汶川地震之后,以人为本,"人的生命高于一切"的理念深入人心。此次的芦山地震,有人认为最大的进步就是"理性救灾"的声音成为主流,如持续呼吁给专业救援队伍"让路",特别是"黄金 72 小时"不必人人到现场,守望相助也是一种力量等等,您怎么看这种转变?

童世骏: 这次对于灾难的反应,可能理性的程度会比上一次更多一点。但我觉得,5 年前的汶川,大灾所激发出的人心深处的善意、大爱,已经够让人感动了,我们不必用一种线性的进步观来看问题。

《文汇报》: 但是如果拉长时段来看,10 年,20 年……我们的确能够感受到一种成长和进步。

童世骏: 对。这又使我想起对中国文化、中华民族评价极高的英国哲学家罗素的中肯批评。他说,中国人有三点毛病:贪婪、怯弱和冷漠。冷漠,就和救灾有关,罗素说当时中国有那么多灾难,饿死的人数以百万计,但是赈济灾民的大多是白人。他还提到,在中国,看到一条狗被汽车撞成重伤,过路人多半会觉得狗的哀号可笑而不是可怜。这和鲁迅所形容的那些看到行刑杀头兴高采烈的看客是类似的,平时很冷漠,看到残忍的场景却特别兴奋,这种兴奋更加强了冷漠。从长时段来讲,20 世纪的中国革命,恐怕可以从这个角度去加深理解,因为中国共产党非常成功地解决了罗素讲的这三个问题，用激情克服冷漠，用勇敢克服怯弱，用大公无私克服贪婪。当然也的确曾有矫枉过正的情形，以至于激情变成了狂热，勇敢变成了蛮横，大公无私变成了"一大二公"、"斗私批修"。改革开放对这种情形进行了拨乱反正，我们放弃了政治狂热，同时又激活了发财致富的世俗追求。但是现在，很多人也在思考，我们是不是又要警惕出现另一个极端，一个我们曾经那么成功地克服的极端？好多社会问题的出现，是否恰恰是因为冷漠、怯弱和贪婪又成了常见现象？

所以我觉得，说汶川和芦山的抗震救灾体现了社会道德进步，很有道理。在汶川也好，雅安芦山也好，可以明显看到对冷漠的抵制，对怯弱的抵制，对贪婪的抵制。这种社会进步是本质性的。

《文汇报》：那么，在您看来，取得这种进步的动因何在？

童世骏：最起码的动因是人心深处一直在的力量，也就是孟子所讲的"人皆有不忍人之心"。罗素也曾自白，鼓动着他人生的，除了对爱情的渴望和对知识的热爱以外，就是"对人类苦难的不可抑制的同情"。几年前我在甘肃古浪考察时，在一个展览中读到为当地脱贫做出重要贡献的已故台湾商人温世仁生前的一句话："对苦难同胞无法忍受的关怀"，止不住热泪盈眶。人心本身就有一个很强的向善的力量，平时被压抑、遮蔽着，但在某个特殊时刻，比如大的灾难面前，它会被激发出来。这是社会进步的最大动力。

还有，现代传播技术的发达，已经让你在舒适的客厅里无法

"舒适"。理性、激情和想象是分不开的，冷漠的人之所以冷漠，有时候不光是道德问题，也可能是因为他没有办法想象别人受苦是什么样子。现在，传媒技术把现场带到人们面前，让想象力不那么强的人也能够感同身受。这也是一个很重要的动力。

我对社会一直很乐观，不仅是因为如我在别处论证过的，乐观其实是一种别无选择的道德义务，而且因为它确实有坚实依据——人类具备改善社会的客观条件，人类也具有自我改造的内在力量。

■民族进步是要通过集体学习来实现的

《文汇报》：灾难发生以后，人们都有一种想做贡献的冲动，这种好像完全从感性角度出发的行动，是否意味着自然地走向"理性"的反面？

童世骏：张载讲"民胞物与"。在汶川和芦山，我们面对的不仅是同类，而且是我们中华民族的手足同胞。对同胞乃至同类我们会更加同情，这是人之常理。这次地震后民众所爆发出来的情感和汶川地震时是一样的，这种大爱、激情本身是广义的理性的重要组成部分，我们不必把它和理性对立起来。

"理性"是个大概念。在哲学上，我把"理性"区分为"合理"和"讲理"：经济学家讲的经济理性，我称之为"合理"（rational）；而我们提倡的"理性维权"、"理性表达"，是指"讲理"（reasonable）。前者多指冷静计算，讲究效率；但我们在用此意义上的合理性的手段去实现目的之外，还要确保目的本身是讲理的、合乎情理的。从这个角度看，面对同胞遭难而内心涌现出无法遏制的同情、无法忍受的痛楚，也是理性的表现。理性是个模糊的概念，有些边界不很清楚。我们研究哲学，从事教育，就是为了让我们的公民在多种意义上做理性的人：既通情达理、善解人意，又有条有理、事半功倍。

由此可见，只停留在瞬间、极端情况下激发出来的正能量，是不够的。因为第一，你要表达爱心的效果或许并没有实现，对此你不能不管；第二，虽然"成事在天"，但毕竟"成人在己"：如果你明明知道救灾需要条件和专业技术，却不去想办法创造条件，不顾一切地为表达心愿而盲目行动，这时欠缺的不仅是行为的效果，连行为动机也有问题——通过救灾而表达善意、成就人格的良好愿望，因此有自欺欺人之嫌。

《文汇报》：灾难中活跃着越来越多民间组织的力量，您怎么看民间组织的培育和成长对于整个社会的自我管理的价值？

童世骏：民间力量如果组织得力，能够让分散的个人力量更有效地发挥作用，就其本身是很好的事情。

但是，社会管理是全面、持续的工作；短时期内，在灾区有限范围内发挥作用的非政府组织对整个社会管理能起到什么作用，需要我们做更加全面的评估。同时，政府要有足够的胸怀和智慧来发挥社会组织的作用。这和公民意识培育也有关系，大家一起参与社会的公共事务，意义不仅在于某一个具体问题的解决，这种参与本身对公民高质量的社会生活就很重要。社会有没有活力，社会成员有没有主人公意识、自豪感和尊严感，与他们能否自主地参与公共事务、发挥作用、实现价值很有关系。

在计划经济条件下，国家很大程度接管了社会，"社会"一词变成"社会青年"、"社会车辆"之类用语的组成部分，好像是特别不重要的东西。但按理说，国家是应该为社会服务的，我们搞的是社会主义而不是国家主义。我们要建设如李大钊所说既有个性解放、也有大同团结的社会，当然需要社会管理，防范对社会公共安全和社会文明生活的破坏，但社会主体成员的活力、能力和品质，是要通过让他们在社会中发挥作用才能有所提高的。"为人民服务"非常重要，但只有能够自我服务的人民才不仅是幸福的，而且是有尊严的——严格地说，真正意义上的幸福感是包含尊严感在内的。当然，要完全实现这个目标还很遥远，我们要防止口头上追求理想目标，手头上却放弃切实努力的行为，尤其是要防止以这样的目标为借口来破坏真正有助于实现这个目标的现实条件。

《文汇报》：灾后重建需要持续的关注和热情，但在震后短期内的高度关注和热情消退之后，对于一些需要长期处理的事务，我们是应该期待制度的建立，还是志愿者和民间组织的持续投入？

童世骏：这次应该会有改善，因为通过汶川地震，我们得到了经验，也有教训。我主张把灾难当作一个学堂。实际上整个民族要进步，还是要通过集体学习的过程才能实现，这种集体学习过程有的是我们可以主动创造条件的，有的则是可遇不可求的，还有的本身是坏事，要想办法把它变成好事。灾难就是这种意义上的课堂，我们当然不希望通过灾难来学习，但是既然灾难来了，我们的确可以从中学到很多东西。

■正视我们的现有水平同可能实现的目标之间的差距

《文汇报》： 中国在过去 30 多年取得了很多物质成就，从精神层面的价值取向而言，又有哪些变化或者说进步？

童世骏： 稍微读点历史就会知道，那么多年没打仗，那么多人脱贫，那么多领域开放，这在中国历史上是从来没有过的。

但同样一句话，它的含义如何，取决于我们是在对谁讲，在什么样的语境中讲。中国人的理性观念有一大特点，就是重视公理与人情的关联，敏感于特殊的、具体的语境。听到对我们缺乏同情和理解的人们对我国的非议甚至攻击时，我们可以理直气壮地说，我们正处在历史上从未有过的好时代；但回头想想，我们的自我评价，目的是让我们自己的未来更好，缺点更少，优点更多，而光讲进步不讲缺点，是无助于未来的改善的。在那么多人盲目自信、自满的情况下，正视我们存在的问题，正视我们的现有水平与我们已经具有的可能条件相比，与能够实现的目标相比，还存在相当大的差距，是非常必要的。具有这种反省意识，恰恰是一种自信的表现，因为我们坚信，自己不仅应该而且可以做得比现在更好。

《文汇报》：您已经从哲学层面上给我们分析了"理性"这个大概念，那么，从日常生活的社会现实出发，我们又应当追求怎样的理性精神，才能有助于生活质量的提升？

童世骏：经济学家们所讲的那种理性，经济合理性或工具合理性，非常重要，因为那是中国人历来所缺乏的。应该说，改革开放以来，国人的经济合理性已经大大加强。但即便是这样，我们在提高效率、减少浪费方面还有很大空间，因为现在仍旧有大量事情是事倍功半甚至南辕北辙的，在低质量的高速发展背后，往往是物质资源、社会资源和精神资源的巨大浪费。

除此以外，我们还要更加重视前面所说的"讲理"或"通情达理"意义上的理性。从公共政策的角度来说，通情达理就是要尊重和提升人民对幸福的理解。对人民的幸福观首先要尊重；老百姓要过富裕日子，这是天经地义的事，不能用任何抽象理论和意识形态来否认它。但是，同时还要提升人民对幸福的理解；老百姓走出贫穷进入小康以后，还应该"富而教之"、"富而贵之"，发扬中华民族勤劳智慧的优良传统，避免奢侈浪费和巫术迷信等消极现象，尤其是笑贫不笑娼这样的丑陋风气。

《文汇报》：自媒体时代，信息传播主体分散，信息权威消解，会导致人们很难作出自己的判断。"一场灾难发生后的 5 分钟内，推特的贡献最大，12 小时后它开始帮倒忙"，这是外国媒体在美国波士顿马拉松爆炸案发生后对社交媒体的反思。您对此怎么看?

童世骏:判断是要有信息的。在信息参差不齐、权威信息缺失的情况下,人们总需要信息来做判断,这时责任就不仅在于网民,而且在于有条件、有责任提供信息的组织和群体。那些比较有知识的人,尤其是知识分子和专业人士,这时千万不能把自己混同于普通的个体,应当多一点责任意识,多一点谨慎和推敲。

《文汇报》:以网络平台为基础的充分表达和讨论,会最终使人们建立起独立思考和理性判断的能力吗?

童世骏:首先网络平台是件好事情,它让本来完全没有渠道表达的人有地方能够表达,提高了他们的生活品质。社会进步一个很重要的标志是对于普通个人的"赋权"。现在从整个社会来看,普通民众的力量因为互联网的出现而有很大加强,这是社会文明提高的重要标志。

但仅仅是大众在网络上发表意见还是不够的。网络讨论的价值还取决于参加讨论的是什么样的人,以什么方式参与讨论。参与的人不错,形成的舆论场就不错,而在这样的舆论场的影响下,人们的能力和品位就会更高,个体与群体间因此就进入良性循环。但反过来,非理性的舆论场和不理性的网民之间也会相互作用,舆论场的恶劣和网民的暴戾也会相互加强,这样的危险我们要竭力避免。

■通过建设性、批判性的反思来实现自我完善

《文汇报》：现阶段中国阶层与利益在不断分化，诉求也非常多元，有些人就在担心，转型期缺乏基本"共识"的现实，是否会给未来的发展设置障碍？

童世骏：谈论"共识"，可以有利益、价值和认同三个角度。利益多样化是事实，在这方面我们要尽可能寻求妥协乃至互利。这就体现出制度设计、文化氛围和个体素质的重要性。在有的制度下，小的利益分歧会被超越，人们转而去追求更大的共同利益；但有的情况下，小的利益分歧会放大甚至加剧。其实，人的利益在超过一定限度后，边际效用是递减的；如果提高认识得当、改良制度得当，比如发展慈善文化、健全税收制度、提倡实业富民等等，人们之间的利益分歧是可以控制在一定范围内的。利益可以有差别，但是第一，这种差别必须在底线以上，否则就是你饱我饿甚至你死我活的问题。第二，这种差别不能是用不公平的规则来造成的，否则财富多少就直接变成权利多寡甚至权利有无的问题。第三，这种差别不能是封闭性的，否则就会出现社会分层代际固化、底层群体趋向绝望的危险。

价值多样化也是事实，在这方面我们要尽可能相互宽容、相互尊重。好多价值观念彼此间虽然不同，但未必对立和排他。共识并不是要放弃你的价值，服从我的价值，而是找到一个能够把我们的价值互补起来的共同事业。

从某种意义上说，认同的多样化也是事实，但从我们都是中华民族大家庭的一员这一点来说，我们都具有同一个根本的认同。因此，我们在处理利益分歧和价值分歧的时候，要防止它们演变成认同分歧，进而造成社会的分裂。

《文汇报》：灾难中大家都热情满满，慷慨解囊，但我们也确实看到日常生活中有很多反面例子，以至于出现人们常说的道德滑坡的问题，所谓"不道德的社会和道德的个人"可以用来解释这种悖论吗？公民的责任或者说义务和权利又该如何统一？

童世骏：不道德的社会即便有，也是由个人组成的，包括正在说社会不道德的那些人。如果我们每个人在谴责社会不道德的时候，都反观一下自己有没有可能做得更好，社会就不会那么不道德，尤其是成年人，多想想自己对下一代的责任，知识分子多想想对受教育程度较低者的责任，领导多想想对一般老百姓的责任。

公民的义务和权利，对成年人而言是连在一起的。现在来看，我们在两方面都做得有所不足。公民的权利从理论上讲是蛮多的，但实践上还不够。在一个社会中，相关各方如果都重视从自己角度来努力，矛盾甚至冲突就比较容易解决。比方说，如果政府多讲自己的责任是维护公民权利，而公民多问自己能为国家和民族尽什么义务，整个社会就会更加和谐。

《文汇报》：西方社会过度的个人主义、消费主义和物质主义，对社群主义和市民美德的传统形成一定冲击，他们也在思考道德重建的问题，我们能否从他们的经验和教训中获得一点启示？

童世骏：这方面问题我们也有，我们在解决这些问题时也有很好的思考和实践，但这并不妨碍我们借鉴西方经验。我特别感兴趣的是，西方知识分子每一次作自我批评，都设法对自己的传统作重新诠释，对传统中的优秀元素加以扩充、发扬，既不是自满地觉得现状一切都好，也不是觉得传统一切都差，或是觉得传统可以照搬过来解决现在的问题，而是对自己的传统做有利于现状改善的反思。这些都很值得我们学习。通过批判性加建设性的反思来不断学习、自我完善，这种既包括着自信也包括着自省、自觉的集体学习，是一个社会取得持续进步的重要前提。

我非常欣赏"学习"这个概念，哈贝马斯80岁生日的时候我写过一篇文章，讲批判理论到哈贝马斯这一代，强调"批判"与"学习"的结合，他把批判看作是内在批判，是一个集体学习的过程，这是很有启发的。把批判和过去的学习成果相结合，批判才有依据；把批判和未来的学习努力结合起来，它才是开放的，而不是排他、封闭的。

在做好"接着讲"的基础上争取"领着讲"*

——对构建中国哲学社会科学话语体系的一点理解

构建中国哲学社会科学话语体系，有四种途径，或者说四种讲法："照着讲"、"接着讲"、"对着讲"和"领着讲"。

冯友兰先生在完成于 1938 年的《新理学》一开头就说，他的哲学体系之所以叫"新理学"，"因为我们是'接著'宋明以来底理学讲底，而不是'照著'宋明以来底理学讲底。"[1] 在冯友兰先生的影响下，"照着讲"与"接着讲"常常被用来谈论对待先前学术传统的态度或者进路。不仅对本民族学术传统，而且对外来的学术思想，也有一个是"照着讲"还是"接着讲"的问题。

"照着讲"的意思很简单。北京大学的叶朗教授曾撰文提道："冯先生说，哲学史家是'照着讲'，例如康德是怎样讲的，朱熹是

---

* 本文是作者于 2016 年 10 月 14 日在中国浦东干部学院召开的"第三届全国哲学社会科学话语体系建设理论研讨会"上的发言。

怎样讲的，你就照着讲，把康德、朱熹介绍给大家。"[2] 从人才培养、文化传承的角度，"照着讲"是必要的，但从科学研究、文化创新的角度，"照着讲"则显然是不够的。

"照着讲"的反面是"对着讲"，就是一开始就明确对方是自己的对立面，甚至与我处在敌我关系，不仅是论辩中的论敌和我方的关系，而且是政治上的"敌人"和"我们"的关系。毛泽东的那句名言，"凡是敌人反对的，我们就要拥护；凡是敌人拥护的，我们就要反对"，[3] 是"对着讲"的典型。对于明显有敌意的人，"对着讲"很有必要。

但如果在敌我关系之外也"对着讲"，或者说太轻易地用敌我关系来理解学术领域的意见分歧和观点争论，用政治斗争代替了学术研究，就既说服不了别人，也辩护不了自己，尤其是无法通过学术讨论而得到应有收获。冯友兰先生在1958年讨论教育革命的时候在《光明日报》的《哲学》副刊发表了一篇文章，题目是《树立一个对立面》，论证即使现在"领导各部门的负责同志，特别是各级党组织的负责同志，都是哲学家"，哲学系也还是要办的，因为毕竟还是要有在职业分工上"专搞或是多搞理论"的人们需要培养。[4] 就是这么一篇小心翼翼论证一个基本常识的文章，却立即受到陈伯达的批判，他在《红旗》上发表批判文章，把冯友兰的话归纳为"理论—实际—理论"的公式，认为与毛主席的《实践论》中的"实际—理论—实际"的思想相对立的，是反唯物论的。陈伯达的这种态度,大概可以用来作为不恰当的"对着讲"的典型。[5]

与"照着讲"和"对着讲"不同的是"接着讲"。在冯友兰先生看来,"接着讲"是哲学家的工作的特点,而哲学史家的工作的特点则是"照着讲"。把哲学家和工作和哲学史家的工作截然区分,当然是过于简单的;根据冯契"哲学史是哲学的展开、哲学是哲学史的总结"的观点,即使是做哲学史的研究,也不能不做哲学家的工作。但说哲学史家和哲学家之间的工作特点有大致的区别,还是成立的。我这里想强调的是,"接着讲"不仅仅是哲学领域的创造性工作的特点,它其实是任何学术领域的创造性工作的特点。如果我们以开放的心态从事学术研究,把全人类文明进步的成果作为我们的学术工作的起点,那么,我们的所有学术研究,而不仅仅是哲学研究,可以说都是"接着讲",至少都有"接着讲"的成分。

"领着讲",很少有人这样明确这样说,但与当前讨论"中国哲学社会科学学术话语体系"应该是有密切关系的。可以说,与中国学术发展的以往任何阶段相比,今天的中国学者都可以说对"领着讲"更感兴趣。为了这种兴趣转化为实际行动和有效措施,有必要赋予这种兴趣以更高程度的理论自觉。

讨论"学术话语体系"与加强"学术话语权"有密切关系。"话语权"之"权",可能有两种意思,一是"权利",一是"权力"。如果是"话语权利",那就是说我们不能让别人剥夺了我们在国际场合说话的权利，我们也不能放弃自己在全球范围说话的权利。这是比较低调的理解，并不蕴含着要把"领着讲"作为目标来刻意追求，尽管也不会对"领着讲"的结果确实到来的时候去刻意回避。但如果"话语权"的意思是"话语权力"，就像"国际学术影响力"或"文化软实力"这些词所表达的意思一样，那就意味着，我们不仅不能放弃在国际舞台上说话的权利，我们还要有能力达到在国际舞台上让人听得见、听得懂、听得进。如果我们讨论"中国哲学社会科学学术话语体系"蕴含着的是对"学术话语权"的这种高调的理解的话，很可能是已经把"领着讲"作为目的去追求了。无论从新中国成立时毛泽东所说的"中国人从此站立起来了"[6]的角度，还是从 1956 年孙中山诞辰 90 周年、辛亥革命爆发 45 周年时毛泽东所说的"中国应当对于人类有较大的贡献"[7]的角度，把国际领域"领着讲"作为包括中国学者在内的中国人的追求目标，都是理所当然的。但是，我倒是觉得，越是在这样的时刻，越是要铭记 60 年前毛泽东在说完"中国应当对于人类有较大的贡献"这句话后对我们的嘱咐："但是要谦虚。不但现在应当这样，45 年之后也应当这样，永远应当这样。中国人在国际交往方面，应当坚决、彻底、干净、全部地消灭大国主义。"[8]

为此，我想强调的是，为了实现"领着讲"，最好的办法是做好"接着讲"，既用好我们自己的学术积累，也用好世界各国的学术积累，在前人成果的基础上攀高行远，在让人不仅"听得见"而且

"听得懂"的基础上让人"听得进"。我想用政治哲学中的两个例子来说明这一点。政治哲学的中西之别、左右之争特别明显，但即使在这个领域当中，中国学者也可以甚至也应该是"接着讲"的；即使在这个领域当中，中国学者也是可以甚至应该通过"接着讲"的努力而追求"领着讲"的效果的。

第一个例子是对于"自由"、"平等"、"团结"这三个法国大革命以后西方人奉为经典的价值理念的态度。确实，这三个价值常常是资产阶级用来骗人的；但就像我们不能因为骗子说自己的话是真理，就连"真理"这个价值也不要了一样，我们不能因为如马克思所说的，资产阶级必要时会毫不含糊地用"步兵、骑兵、炮兵"来代替"自由"、"平等"、"博爱"，[9] 就说我们宁要暴力压迫而不要尊严幸福。但面对这三个价值我们确实不能奉若神明，跪倒了事。对它们不仅有是否认真对待的问题，而且也有是否恰当理解的问题。自由有消极和积极之分，平等有形式和实质之分，团结有抽象和具体之分；对这三个概念只做单方面的理解，就是没有做恰当的理解。相反，我们必须处理好"消极自由"与"积极自由"的关系，不仅把自由理解为摆脱某些束缚，而且把自由理解为有能力去做特定事情；必须处理好"形式平等"和"实质平等"的关系，不仅做到法律和程序面前人人平等，而且做到不同人们的不同正当需要得到同等尊重；也必须处理好"抽象团结"和"具体团结"的关系，不仅普遍尊重人之为人的权利和尊严，而且承担起对家人和亲友、同事和同胞的特殊义务。注意，这里的"不仅……而且……"不是简单地把对立的两面放在一起说就完了，而是要找到一些"中项"或"合题"，把两个对立方面有机地融合起来。这当然不是一件简单的事情。对自由、平等、团结这三个价值的这种从"单向度"理解到"双向度"理解的努力，可以说是全球现代化进程中各国进步人士对经典的现代价值的"接着讲"。在这个过程中，社会主义运动做出了不可替代的贡献，而我们在中国土地上从事的中国特色的社会主义现代化事业，又在处理上述关系的时候，融入了中华民族在处理仁智、情理、仁义、义利、群己、忠孝、王霸、礼法、党政、干群等关系上的宝贵智慧和丰富经验，从而不仅是"古今"向度上的"接着讲"，而且是"中西"向度上的"接着讲"。

第二个例子涉及的是"民主"这个同样充满着中西之别、左右之争的政治哲学观念。西方学术界最近几十年来有不少人谈论"多重现代性"，主张用文化的现代性观念来取代非文化的现代性观念，把"现代化"与"西方化"分开，承认西方现代性之外有多种"另类现代性"。华东师大哲学系的同事们从"多重现代性"（multiple modernities）的概念引出"多重民主"（multiple democracies）的概念。在论证这个概念的过程中，我们借助于我国著名哲学家冯契在马克思主义哲学基础上对中西哲学进行比较的一些观点，提出民主不仅意味着集体行动的规则由集体成员自己制定，而且意味着这种规则若要成为真正自由的集体行动的基础，就必须既符合理性的"自觉原则"，也符合意志的"自愿原则"。自愿原则有多种实现方式（或直接或间接、或参与或代议、或选举或商议），自觉原则有多种实现方式（因为理解的背景、理解的主体、理解的方法等等的不同），而自愿原则与自觉原则的结合，也因为集体成员对公共事务的关心程度有不同、对自己意见的坚持程度有不同，加上意志之表达和形成过程有种种技术因素，而也有不同的实现方式（或者是意志原则高于理性原则，或者是理性原则高于意志原则，或者是理性原则和意志原则的有机结合），——由于这些原因，民主在不同国家当中自然会有不同表现形态。我们的这个观点得到了一些挪威同事的高度兴趣，他们写专著论述挪威现代化过程的民族特性，我们把该书译成中文在国内出版，[10]我们在一起开会讨论多重现代性的理论与历史，并一起用英文出版专题文集。[11]

应该承认，在国际学术交流中像这样的由我方主导设置议题、开展讨论，并形成合作成果的例子，还不算很多；但只要我们认真地关注中国问题，认真地用好中国资源，同时又认真地借鉴国际学术史的研究成果，认真地参与世界范围的百家争鸣，我们的"接着讲"的工作，会越来越多地起到"领着讲"的效果。

对构建中国学术话语体系持这样一种态度，与"海纳百川、追求卓越、开明睿智、大气谦和"的上海城市精神，是高度一致的。"开明睿智"和"大气谦和"这两句话，是时任上海市委书记的习近平在 2007 年 5 月召开的上海市第九次党代会上做报告时，对上海城市精神增加的表述。在构建学术话语体系的过程中，追求"领着讲"是"追求卓越"的体现，做好"接着讲"则是"大气谦和"的体现，是前面所引毛泽东在 60 年前嘱咐的"要谦虚"的体现。它不仅是指理论上的虚心好学，而且是实践上的谦虚谨慎。"话语权"的意思如果是指要通过话语行为而让别人越来越"中心悦而诚服也"的话，我们就必须在两种意义做到言行一致：话语内容的正当性一方面因为实际行动效果的正义性而得到佐证，另一方面因为话语行为方式的恰当性而得到加强。"实际行动效果的正义性"涉及的是中国特色社会主义伟大实践的各个方面，做好"四个全面"，就是达到这一点的保障。而"话语行为方式的恰当性"，则主要涉及学术研究和舆论宣传，包括国际学术交流和对外宣传工作。

习近平最近在捷克媒体上撰文，题为《奏响中捷关系的时代强音》，其中提到"捷克是最早承认并同新中国建交的国家之一"，也提到"音乐大师斯美塔那创作的交响诗套曲《我的祖国》和文学家哈谢克的著作《好兵帅克》在中国广为人知"。[12] 对于即将在沃尔塔瓦河边迎接中国国家主席的捷克民众来说，这样的话语是会在心中引起美好共鸣的；只有在这样的美好共鸣的基础上，全球化时代人类命运共同体的"时代强音"，才能越奏越响。

注　释

[1] 冯友兰:《新理学》,《三松堂全集》第 4 卷,河南人民出版社 2001 年版,第 4 页。

[2] 叶朗:《"照着讲"和"接着讲"》,《人民日报》2013 年 3 月 21 日第 7 版。

[3] 毛泽东:《和中央社、扫荡报、新民报三记者的谈话》(1939 年 9 月 16 日),《毛泽东选集》第 2 卷,人民出版社 1991 年版,第 590 页。

[4] 冯友兰:《树立一个对立面》(1958 年 6 月 8 日《光明日报》),《三松堂全集》第 14 卷,河南人民出版社 2001 年版,第 194 页。

[5] 冯友兰:《三松堂自序》,《三松堂全集》第 1 卷,河南人民出版社 2001 年版,第 257 页。

[6] 毛泽东:《中国人从此站立起来了》,《毛泽东文集》第 5 卷,中共中央文献研究室编,人民出版社 1996 年版,第 343 页。

[7] 毛泽东:《纪念孙中山先生》,《毛泽东文集》第 7 卷,中共中央文献研究室编,人民出版社 1999 年版,第 157 页。

[8] 同上书,第 157 页。

[9]《路易·波拿巴的雾月十八日》,《马克思恩格斯文集》第 2 卷,人民出版社 2009 年版,第 509 页。

[10][挪] 奎纳尔·希尔贝克:《多元现代性:一个斯堪的纳维亚经验的故事》,刘进、王寅丽、翁海贞译,上海人民出版社 2014 年版。

[11] *Multiple Democracies in Theory and History*, edited by Simen Andersen Øyen and Rasmus Slaattelid, SVT-Press at the University of Bergen,2009.

[12] 见 http://politics.people.com.cn/n1/2016/0327/c1024-28229003.html。

作为哲学问题的"中国向何处去"*

——理解冯契哲学思想的一个视角

冯契先生担任华东师大政教系主任的时候，中北校区地理馆333教室，是政教系的最重要的教室，包括冯契先生在内的许多重要学者的讲课，就是在这个教室进行的。我想用冯契先生的工作可以用"三三三"来概括：研究真善美，融贯中西马，连接往今来。

"三三三"的最后一项，"连接往今来"也有三层意思：第一，他通过对以往哲学历史的研究、与同辈哲学同行的讨论为未来哲学发展留下"经得起读的"（他对毛泽东和金岳霖的著作的评价）文本；第二，他继承发扬其老师的学术传统、认真参与其所在的学术共同体的建设、悉心指导年轻学子的成长；第三，他立足李大钊所说的"今"，对中华民族乃至整个人类的精神文化进行"述往事"而

---

* 本文是在华东师范大学哲学系于2015年11月2日召开的纪念冯契百年诞辰研讨会上的发言，刊于《华东师范大学学报》2016年第3期。

"思来者"。

因为冯契先生主张在"述往事"和"思来者"的基础上"通其道","中国向何处去"这个在冯契开始其哲学生涯时被全国各界急切讨论的社会问题,在追求"以道观之"的智慧说当中,就成了一个哲学问题。

在其《智慧说三篇》导论中,冯契几乎是一开头就这么写道:"真正的哲学都在回答时代的问题,要求表现时代精神。中国近代经历了空前的民族灾难和巨大的社会变革,'中国向何处去'的问题成了时代的中心问题。"[1]

"中国向何处去"为什么是一个哲学问题,冯契自己提供了解释,那是因为这个问题在思想文化领域中表现为"古今中西之争",而这个问题需要从历史观的角度,来回答如何看待社会历史和把握历史规律的问题,也需要从认识论的角度,来回答如何解决主观愿望和客观实际的关系、理论和实践的关系问题,更需要把历史观和认识论结合起来,解决逻辑和方法论的问题、自由学说和价值论的问题。这里其实也体现了冯契"化理论为方法、化理论为德性"[2]的基本思想。

在我看来,"中国向何处去"的问题之所以是一个哲学问题,还可以进一步理解为,是因为冯契先生实际上是把这个问题也看作是"中国人向何处去"的问题。我的理解,这正是他对毛泽东的《论新民主主义论》特别重视的原因。

在抗战期间阅读的马克思主义哲学著作中，冯契说"最使我心悦诚服的，是在抗战期间读毛泽东的《论持久战》和《新民主主义论》"[3]。如果说《论持久战》之所以重要，是因为它回答了"抗战向何处去"，《新民主主义论》之所以重要，是因为"这本著作对一百年来困扰着中国人的'中国向何处去'的问题做了一个历史的总结"。[4]

《新民主主义论》开篇就提出的这个问题，毛泽东是从政治、经济和文化三个方面加以回答的。尽管如此，这本书的重点，却是放在文化上的。这不仅是因为该文的基础是 1940 年 1 月 9 日在陕甘宁边区文化协会第一次代表大会上的讲演，随后发表在 1940 年 2 月 15 日延安出版的《中国文化》创刊号上，而且是因为在我看来，就像对一个人来说，"做何事"（关于 doing 的问题）、"有何物"（关于 having 的问题）和"是何人"（关于 being 的问题）这三个人类最基本问题当中，"是何人"是最重要的问题一样，对于一个民族来说，"是何人"也是最重要的问题。很大程度上我们可以说，政治涉及的是"做何事"的问题，因为它涉及集体行动的原则、方式和途径；经济涉及的是"有何物"的问题，因为它涉及物质资源的生产、流通和分配；而文化涉及的则是"是何人"的问题，因为一个民族的文化，就是这个民族之成员的价值取向、知识水平和文明程度。毛泽东说："我们不但要把一个政治上受压迫、经济上受剥削的中国，变为一个政治上自由和经济上繁荣的中国，而且要把一个被旧文化统治因而愚昧落后的中国，变为一个被新文化统治因而文明先进的中国。"[5]

"是何人"的问题与康德的四大哲学问题（"我知道什么？""我应该做什么？""我可以希望什么？""什么是人？"）中的最后一个问题即"什么是人？"这个哲学人类学问题显然有密切关系，但我觉得，它与"我可以希望什么"这个宗教哲学问题也有密切关系，因为在中国文化这样一个世俗化程度很高的语境当中，"我可以希望什么"更适合在价值论和历史观的范围内加以回答。或者说，把"中国向何处去"理解为"中国人向何处去"加以回答，既预设了对"我可以希望什么？"和"什么是人？"这两个问题的回答，也会丰富对"我可以希望什么？""什么是人？"这两个问题的回答。

康德把"我可以希望什么？""什么是人？"这两个问题与认识论分开，而冯契则把类似的一个普遍的问题，"人能否获得自由？"或者"自由人格或理想人格如何培养？"，当做广义认识论的四个问题之一（另外三个问题是"感觉能否给予客观实在？"，"理论思维能否达到科学真理？"或"普遍必然的科学知识何以可能？"，"逻辑思维能否把握具体真理？"）。在这里，冯契把一个看似属于价值论的问题作为认识论问题来对待，似乎与有些西方哲学家近年来谈论的"德性认识论"（virtue epistemology）比较接近；但在我看来，他不仅是要用价值论来丰富认识论讨论，不仅是要讨论认识过程中德性、价值和规范的重要性，而且是要让对于价值观（以及历史观）问题的讨论，反过来受到认识论的影响，是要使得认识论当中对于理性的讨论，对于客观实在、主观认识和概念范畴之间关系的讨论，对于理论与实践关系的讨论等等，也影响对于真善美价值的讨论，影响对于人的自由观的讨论，影响对于人的存在和本质的关系问题的讨论、人的内在性和超越性的关系的讨论。确切些说，他是要在价值论和认识论的互动当中超越狭义价值论和狭义认识论的局限性，一方面克服价值论领域的虚无主义与独断主义之间的非此即彼，另一方面克服认识论领域的实证主义和神秘主义之间的非此即彼，从而对理想和现实的关系问题，对这个我觉得唯一真正具有"哲学基本问题"地位的哲学问题，做出恰当的回答。

价值论和认识论的结合，或者说辩证唯物主义和历史唯物主义基础上价值论和认识论的结合，就是冯契看作是"中国近代哲学的革命进程"的最重要成果（没有之一）的"能动的革命的反映论"。冯契提醒我们，"能动的革命的反映论"这个概念，并不是在《矛盾论》、《实践论》这样的更加典型而且出名的毛泽东哲学著作当中提出的，而是在《新民主主义论》当中提出来的。这可以说是冯契把《新民主主义论》作为哲学文本予以高度重视的最直接原因。在《智慧说三篇》导论中，冯契在说了毛泽东在《新民主主义论》中是"站在哲学的高度"来回答"中国向何处去"这个问题之后，紧接着就写道："他在这本著作中提出了'能动的革命的反映论'一词，既概括了辩证唯物主义认识论关于思维与存在关系问题的基本观点，也概括了历史唯物主义关于社会存在和社会意识关系问题的基本问题。所以，这个词集中地体现了辩证唯物论和历史唯物论的统一。这个概念把客观过程的反映、主观能动作用和革命实践三个互相联系的环节统一起来，而实践则可说是主观与客观之间的桥梁。"[6]

说到这里，我们或许可以把冯契先生和冯友兰先生做一个比较。冯友兰在其晚年完成的《中国哲学史新编》中，也讨论了《新民主主义论》，也是把毛泽东这个文本当做一个哲学文本来讨论的，但是没有提到其中提出的"能动的革命的反映论"这个全新的哲学概念。

再往前面看，冯友兰在抗战开始后不久写了《新事论》一书，其副标题是"中国通往自由之路"，可以说也是在回答"中国向何处去"的问题，但冯友兰先生并没有像毛泽东那样，提高到认识论的角度来提出和回答问题，更没有"能动的革命的反映论"的高度，因此，该书虽然讨论了许多关系问题，如共殊、城乡、家国等，但就是没有讨论理想与现实的关系问题，客观规律与主观能动性的关系问题，尤其是知行关系、群己关系，以及自觉原则与自愿原则的关系。

从总结中国近现代革命的经验教训的角度来看，冯契对于自觉和自愿的讨论，尤其值得重视。冯契强调真正自由的行动既要符合理性的自觉原则，也要符合意志的自愿原则。在他看来，重自觉原则而轻自愿原则，容易导致听天由命的宿命主义，在中国文化中这种危险尤其值得警惕；而重自愿原则而轻自觉原则，则容易导致随心所欲的意志主义，在西方文化中这种危险尤其值得警惕。冯契认同中国文化的理性传统，但提出不但要防止"以理杀人"的独断主义，而且要防止因为克服独断主义而走向虚无主义，尤其要防止独断主义的唯我独尊与虚无主义的没有操守的独特结合：拿独断主义吓唬别人，拿虚无主义纵容自己。

冯契把"中国向何处去"作为一个哲学问题来讨论，不仅是因为他把这个问题当做"中国人向何处去"的问题来讨论，而且是因为他对这个问题的讨论，因为"中国"本身的重要性，而具有历史哲学的意义。"中国向何处去"的问题，不同于一般意义上的某个国家某个民族向何处去的问题，因为古代中国是差不多在公元前两千五百年左右同时诞生的几大"轴心文明"之一，也因为当今中国已经在经济上位居世界第二，在政治上因为其发展道路的独特性和有效性，而在全世界引起越来越强的反响。"中国向何处去"，越来越意味着"世界向何处去"。

最后，把"中国向何处去"理解为一个哲学问题，很大程度上意味着这个问题也可以理解为"中国哲学向何处去"。对这个问题，冯契作出了自己的回答："从哲学本身来看，也有一个古今中西的关系"，"与民族经济将参与世界市场的方向相一致，中国哲学的发展方向是发扬民族特色而逐渐走向世界，将成为世界哲学的一个重要组成部分"。[7] 在这方面，就像在其作为学者、教师的所有方面，冯契先生也是言行一致的。在 20 世纪八九十年代，他接待一批又一批来自国外和我国港台的哲学家，创立中西哲学与文化比较研究会，承担许多西方哲学博士论文的评审、主持西方哲学博士论文答辩，尤其是在自己的著述中，广泛征引欧陆和英美各派哲学家的论著，利用中西哲学资源，对理性和意志、存在和本质、逻辑和历史、内在性与超越性等世界性哲学问题，做出自己的回答。

如果"中国向何处去"也蕴含着"中国哲学向何处去"的话，我们这两天举行的这个会议，"世界性百家争鸣与中国哲学自信"，很大程度上就是跟冯契先生一起，以一种特殊方式，回答"中国向何处去"的问题。回答"中国向何处去"问题的前提是澄清"中国在何处"。经济上、政治上"中国在何处"，我们前面已经说了；相对来说，在文化上"中国在何处"，我们恐怕还无法以同样的自信和同样的自豪来谈论。鉴于哲学对于文化所具有的核心意义，我们这样的会议，我们在这次会议中所表达的过去的努力成果和未来的努力方向，对"中国向何处去"这个问题获得恰当回答，具有特别重要的意义。

谢谢各位。

注　释

[1]冯契：《认识世界和认识自己》导论，载《冯契文集》第1卷，华东师范大学出版社1996年版，第1—2页。

〔2〕同上书，第20页。

〔3〕同上书，第14页。

〔4〕同上书，第15页。

〔5〕毛泽东：《新民主主义论》，《毛泽东选集》，四卷合订本，人民出版社1991年版，第663页。

〔6〕《冯契文集》第1卷，第15—16页。

〔7〕同上书，第5页。

关于"重叠共识"的"重叠共识"[*]

　　价值多样性或多重性已经被广泛承认为当代世界的国际社会甚至国内社会的普遍现象。[1]针对这种情况，美国哲学家约翰·罗尔斯（John Rawls）在 20 世纪 80 年代末提出了"重叠共识"（overlapping consensus）的观念，并在 90 年代初进行了详细讨论。为了在充分考虑中西语境差异的同时探索西方政治哲学有关思想的可能的借鉴作用，本文对罗尔斯对这个观念的论述，以及罗尔斯的观点在西方和我国国内学术界所引起的不同理解，作一番梳理

---

　　*　本文最初以英文在 2007 年 7 月底至 8 月初在韩国汉城大学召开的第 20 届世界哲学大会的全体会议上宣读，后由作者自己译成中文发表在《中国社会科学》2008 年第 6 期。该文的丹麦译文 "En 'overlappende konsensus' om den 'overlappende konsensus'" 收入 *John Rawls' politiske filosofi*（《约翰·罗尔斯的政治哲学》），Mogens Chrom Jacobsen, Soeren Flinch Midtgaard, Asger Soerensen 主编，NSU Press（北欧夏季大学出版社，2008）；该文的英文版 "'Overlapping Consensus' on 'Overlapping Consensus'" 刊于 *Fudan Journal of the Humanities and Social Sciences*, Vol. 2, No. 2, 2009。

和讨论。笔者希望，通过这种梳理和讨论，我们能够对解决"重叠共识"这个观念所要解决的那个问题，即在当今社会如何在多样性的基础上达成一致的意见、协调的行动和稳定的秩序，提供一些启发。

一

"重叠共识"的概念在罗尔斯 1971 年出版的《正义论》中就出现了。在那里罗尔斯提到，尽管公民们对正义的理解有许多差异，但这些不同的政治观念有可能导致相似的政治判断。罗尔斯说这种相似的政治判断是"重叠的共识而不是严格的共识"。[2] 这个共识的逻辑含义很简单，那就是"不同的前提有可能导致同一个结论"。[3]

从 19 世纪 80 年代中期开始，在《正义论》中只是顺便提及的这个概念，成为罗尔斯后期政治哲学的一个主要工具，用来表示这样一种现象，即"规范这个社会的基本结构的那个政治的正义观，受到了有可能在这个社会中代代相传的那些在宗教、哲学和道德方面的主要学说的各自支持"[4]。罗尔斯把这个观念列为"政治自由主义"的三个主要观念之首（另外两个是"正当优先于善"和"公共理性"）。

罗尔斯所谓"政治自由主义",既区别于霍布斯(T. Hobbes)版本的自由主义,也区别于康德(I. Kant)或密尔(J. S. Mill)版本的自由主义。在霍布斯那里,自由主义是一种权宜之计,即不同的个人利益和集团利益经过一些设计良好的制度安排的协调和平衡,达成一种暂时的妥协。在康德或密尔那里,自由主义则以一种形上学说或"完备性的"道德学说作为基础。在罗尔斯看来,这两种自由主义都无法解决多元主义条件下的社会稳定的问题。权宜之计或暂时妥协,顾名思义是依赖于一时的力量对比的;一旦这种对比发生变化,原有的稳定局面就告结束。康德主义或功利主义作为分别把"自主性"和"个体性"作为核心价值的完备性学说,都只是一家之论,无法撇开现代民主社会中同时并存着的其他各家宗教的或世俗的完备性学说,而独力支撑社会基本制度。

这里的关键是罗尔斯心目中西方社会的"合理多元主义的事实"[5]。此处"多元主义"是指存在着多种多样的"完备性学说";"合理"是指一种在主体间关系中体现出来的态度和素质:愿意参与公平的合作,愿意在合作中遵守他人作为平等者通常也会同意的公共规则。"合理的"(reasonable)与"理性的"(rational)不同,后者是指单个主体对实现目标的高效手段作精心选择,或对总体生活计划中的不同目标作明智排序。要形成"合理多元主义"这样一个社会事实,一个社会中不仅要存在着多种多样"完备性学说",而且这些学说各自的主张者都要对别人的学说持宽容的态度,要愿意与持别家学说的人们作为平等者进行公平合作。罗尔斯认为现代西方社会总体上是符合这两个条件的；这种"合理多元主义"的事实被罗尔斯当作支持包括其"作为公平的正义"观念在内的政治正义观的现实背景或政治文化基础。

在罗尔斯上述观念中存在着一个哲学家身份与公民身份的意味深长的错位：罗尔斯作为一个哲学家的特征是不像哲学家，因为他强调政治哲学家在论证政治观念的时候不能从某种哲学出发；但罗尔斯笔下的普通公民的特征则很像哲学家，因为在他看来，普通公民在政治生活中最好不仅能凭借公共理性来认可正义观念，而且都能从他们所持的那种类似于哲学的世界观价值观体系出发，来理解和支持这种观念。在罗尔斯看来，只有这样，多元主义条件下的"有正当理由的稳定"（stability for the right reasons）[6]才有可能，因为只有这样，他的所谓"作为公平的正义"（justice as fairness）的观念所得到的才不是公民们基于利益或迫于压力、出于盲目、限于表层的赞成，而是他们的基于理由的认可。重要的是，这些"理由"在不同人那里是各不相同的。对某个东西，不同人从不同理由出发形成共识，就是"重叠共识"。

罗尔斯提出的"重叠共识"观念，引起了许多论者的关注和讨论。在笔者看来，对"重叠共识"观念的以下几种诠释和发挥，对我们探索这个观念的可能用途，有重要启发。

二

首先，我们可以把"重叠共识"理解为不同的人们在承认观点上存在分歧的同时，在态度上却具有共识——持不同观点的人们都以合理的态度彼此相待。

这种理解的特点，是把"合理"与"共识"之间的关系松开，而把"合理"与"分歧"连接起来。从皮尔斯（S. Peirce）到哈贝马斯（J. Habermas）的真理的共识论者都重视"合理"与"共识"之间的联系，都把"合理的共识"看作是实际的认识过程中真理的等价物或担保者，或如哈贝马斯所说："一个命题的真，意思是指对所说的东西达成一个合理共识的诺言。"[7]哈贝马斯把共识论不仅运用于真理论，而且运用于规范论：做出和兑现有关命题的合理共识之诺言的是理论商谈，而做出和兑现有关规范的合理共识之诺言的是实践商谈；在实践商谈中，"具有有效性的，只是所有可能的相关者作为合理商谈的参与者有可能同意的那些行动规范"[8]。

尽管哈贝马斯深知实际的商谈情境远非理想，因此达成共识的目标远非确定，但他确实给人这样一种印象：对同一个问题，只要存在着分歧，不同观点中原则上至少有一个是不合理的。换句话说，哈贝马斯似乎认为只可能有"合理的共识"，而不可能有"合理的分歧"。但"合理分歧"（reasonable disagreement）恰恰是罗尔斯政治自由主义的核心概念之一。罗尔斯认为，有些分歧的产生，完全可能并非是由观点分歧者的偏见、无知、自私、盲目、自欺欺人等所造成的。在正常的政治生活过程中，在我们行使自己的理性能力和判断能力的过程中，目的与手段的关系、对各自主张的评价、理论能力的运用、所利用的证据等等都相当复杂，与这些复杂性相联系，与概念的模糊性、规范的多样性和社会空间的有限性等等因素相联系，存在着许多不可能完全克服的困难，罗尔斯把这些困难称为"判断的负担"（the burdens of judgment）；因为有这些负担，即使是非常合理的人们，也会对同一个问题作出不同判断；"具有充分理性能力的、诚心诚意的人们，哪怕在自由讨论之后，我们也不能指望他们都将达到同样的结论。"[9]

罗尔斯的"合理分歧"概念受到挪威哲学家格里门（H. Grimen）的重视，格里门认为罗尔斯有力地说明了，即使"哈贝马斯意义上的理想论辩情境也承受判断的负担"，[10]因此也就不可能消除由此而引起的分歧。由此得出的结论是，"理性的政治行动者必须学会与合理的分歧共同生活"。[11]因为存在着这种由于"判断的负担"而造成的"合理分歧"，所以我们经常只能满足于"重叠共识"而不是"受束共识"（qualified consensus）[12]，或哈贝马斯所说的"基于理由的共识"（begruendete Konsensus），[13]亦即基于论辩各方所认可的同样理由的共识。格里门的重点不在于因为"受束共识"之不可得而强调"重叠共识"之不可缺,而在于因为"合理分歧"之合理,而强调在公共讨论中把明知无法达成受束共识的问题提出来加以讨论之不当。也就是说,格里门重视的是罗尔斯所谓"回避的方法"(the method of avoidance):"按照回避的方法,⋯⋯我们尽量既不肯定也不否定任何宗教观点、道德观点或哲学观点,或与之相联系的关于真理的和关于价值的地位的哲学说明。"[14]

发掘"重叠共识"观念背后的"合理分歧"概念,进而避免追求有些问题上注定无法形成的基于同样理由的共识或"受束共识",对于多元主义条件下的政治统一和社会稳定,确实有重要意义。但是,对"重叠共识"的这种理解,有过于消极之弊,其重点过于偏向"重叠"而非"共识,或者说过于重视"分歧"而忽视"共识"。实际上,在"合理分歧"这个观念中,不仅肯定了"分歧",而且也蕴含着"共识":"合理分歧"之为"合理",是因为主张不同观点的人们拥有同一种合理的态度,或人们所持的不同的完备性学说都具有同一种合理的性质。根据罗尔斯,说一个人是"合理的",是说一个人"准备提出原则和标准作为公平的合作条件,并且准备自愿地遵守这些原则和标准,只要别人肯定也会同样遵守的话"[15]。说一个学说是"合理的",是说这个学说具有理论理性所要求的一定程度的自洽性和融贯性,以及实践理性所要求的对不同价值的排序和平衡,并且隶属于一个相对稳定、不轻易大变的思想传统。[16]有了这两种意义上的"合理性",哪怕人们拥有的完备性观点在具体内容上有再大分歧，他们之间也可以说拥有了一种最重要的共识：对于人及其思想的"合理性"的共识，一方面包括平等、宽容和合作的对人态度，另一方面包括不同部分的观点之间、不同时期的观点之间的系统性和连贯性的思想要求。

这两种意义上的"合理性"，尤其是第一种意义上的即观点的主张者的态度的合理性，它的含义是什么，在我们的日常生活经验中应该不难找到。梁漱溟对"理性"和"理智"做了类似于罗尔斯"合理的"与"理性的"之间的区分，他诉诸日常经验来说明他所谓"理性"的含义："你愿意认出理性何在吗？你可以观察他人，或反省自家，当其心气和平，胸中空洞无事，听人说话最能听得入，两人彼此说话嘴容易说得通的时候，便是一个人有理性之时。所谓理性者，要亦不外无人平静通达的心理而已。"[17] 也就是说，在这个层次上，哪怕独白式的反思也足以知道什么是合理的，什么不是合理的，以及在这个最低层面上重叠共识是否已经达到。

三

"重叠共识"也可以理解为人们在承认价值方面发生分歧的同时，在规范方面却具有共识——不同价值的人们认可和遵守同样的规范。

关于"重叠共识"的"重叠共识"

在谈论"重叠共识"的时候使用"规范"（norms）和"价值"（values）这两个范畴，并在一定程度上把这两个概念区分开来的，加拿大哲学家查尔斯·泰勒（C. Taylor）是一个例子。在回答什么是有关人权的非强制性共识这个问题的时候，泰勒说："我觉得它可能是罗尔斯在其《政治自由主义》中描述为'重叠共识'之类的东西。"[18]泰勒认为，在所有文化中，我们都可以找到对种族灭绝、暗杀、酷刑和奴隶制的谴责，而这些谴责所表达的就是各民族有共识的行为规范。在这些共同的行为规范背后的，则有一些"深层的作为基础的价值"[19]，它们往往各有所属，互不相容。

泰勒在这里虽然使用但没有展开讨论的"规范"和"价值"这两个概念，在哈贝马斯的商谈理论中占有重要地位。哈贝马斯把做出这两个概念之间的区分，看作是个体意识发展和"生活世界合理化"过程的重要成就。在批评罗尔斯在"原初状态"的思想实验中把"权利"（rights）当作"善益"（goods）来处理的时候，哈贝马斯对"规范"（权利属于规范的范畴）和"价值"（善益属于价值的范畴）各自的特点进行了详细说明，并把两者的区别概括为四点："第一，规范涉及的是规则支配性行动（rule-governed action），而不是目的性行动；其次，规范的有效性主张的编码是二元的，而不是逐级的；第三，规范的约束力是绝对的，而不是相对的；第四，规范体系所必须满足的标准不同于价值体系必须满足的标准。"[20]

规范与价值之间的这些抽象区分，在它们的运用方式中有比较具体的表现：同样是回答"我应当做什么"这个问题，基于规范的回答和基于价值的回答，是不一样的。规范"命令"我做什么，而价值则"建议"我做什么；符合规范的行为是对所有人好的，而符合价值的行为则是对我们是好的。"什么是对所有人好的"（或"什么是对所有人同等地好的"）这个问题是所谓"道德问题"或"正义问题"，它原则上可以依据正义的标准或利益的可普遍化而加以合理的决定。"什么是对我或我所从属的共同体好的"（或"我是谁？我要成为什么样的人？"），是所谓"评价问题"或"伦理问题"，它属于有关"好的生活"的问题这个大类，并且只有在一个具体的历史的生活形式之中，或在一个个体的生活形式之中，才可能进行合理的讨论。

前面我们提到，泰勒借助于"规范"和"价值"的区分来阐述"重叠共识"的观念，不仅认为不同人们在具有多样价值的同时可以具有同样的规范，而且认为不同人们的各不相同的价值可以成为同样的规范的诸多可选基础。这基本上也是罗尔斯的观点（泰勒与罗尔斯在这方面观点的差异将在下节讨论），但哈贝马斯则不赞成这种观点，至少是不赞成主要以这种方式来理解规范的有效性基础。哈贝马斯也承认，在多元主义社会达成政治共识，主要就是在拥有不同"价值"的人们之间就"规范"（包括作为"高层次规范"的"原则"[21]）达成共识。但哈贝马斯强调要把作为一个社会事件的"共识"与作为一个认识成果的"共识"区分开来，把"认可"

（acceptance）和"可认可性"（acceptability）区别开来。[22] 单个主体分别从各自的价值体系出发表示对某规范的同意，至多能汇合成一个"共识"的事件，从而表明该规范得到了认可；但一个规范要显示它不仅被认可着，而且具有"可认可性"，这条规范主张者就必须为它的可认可性提出理由；这种理由要能够成立，就必须在一个与他者进行的论辩过程中得到辩护，而不能局限于单个主体自己的思想。这种论辩的参与者既不是客观对象的观察者，因为他不仅面对客观事实，而且面对论辩同伴或对手；这种论辩的参与者也不是特定价值共同体的成员，因为在有关公共规范的讨论中，他要说服的往往是持不同价值观念的其他论辩者。要在这样的论辩过程中捍卫某条规范的有效性或可认可性，人们必须从一开始就具有跳出自己立场看问题的能力，要能够通过采纳论辩同伴和对手的视角，乃至采纳普遍的视角，来回答"什么是对所有人好的"（或"什么是对所有人同等地好的"）这样的问题。罗尔斯不同意哈贝马斯的这些批评，但他的回应既可以看作是对哈贝马斯对他的"误解"的澄清，也可以看作是罗尔斯与哈贝马斯的观点本身的接近。罗尔斯认为他所说的有关政治的正义观的"重叠共识"是"合理的重叠共识"，而不是日常政治中政治家在不同利益和主张之间寻找的重合点；这种重叠共识之所以是合理的，是因为政治正义观不仅先得到公共理性的"适可而止的辩护"（pro tanto justification），继而得到公民个人作为市民社会成员依据其完备学说所做的"充分辩护"（full justification），而且最后还得到政治社会根据所有合理的公民们之间达成的重叠共识而进行"公共辩护"（public justification）。[23] 罗尔斯由此一方面强调他所追求的稳定是"有正当理由的稳定"，另一方面也表明，为这种稳定提供基础的重叠共识实际上也具有哈贝马斯所要求的那种道德视角。罗尔斯在解释构成这种公共辩护之核心内容的"广泛而一般的反思平衡"（wide and general reflective equilibrium）的时候，明确指出："这种平衡完全是主体间性的：也就是说，各个公民都把每个其他公民的推理和论据考虑在内了。"[24]

哈贝马斯之所以要区别作为社会事件的"共识"和作为认知成果的"共识"，并且区别规范的"认可"和"可认可性"，不仅是为了像罗尔斯那样把"有正当理由的稳定"与没有正当理由的稳定区分开来，而且是为了防止对正义原则作特殊主义或情境主义的理解。这是我们在思考第二层面上的"重叠共识"的时候应当注意的问题。罗尔斯非常强调政治文化的作用，把他心目中民主社会的政治文化作为其政治自由主义的现实基础。罗尔斯说："民主社会的政治文化的特征，总是存在着多样的彼此对立而无法调和的宗教学说、哲学学说和道德学说。其中有些学说是完全合理的，而政治自由主义把诸多合理学说之间的多样性，看作是在持久的自由建制背景内发挥作用的人类理性之力量的不可避免的长期结果。"[25] 罗尔斯的"合理多元主义"、"理性的公共运用"、正义观念的"重叠共识"等等概念，既以这样的政治文化作为基础，又为澄清这种政治文化之特征和核心提供了概念工具。但是,政治文化作为一种"事实"是一个特殊的东西;如果在公共层面上仅仅把某个地区或某个传统的政治文化作为正义原则的基础,蕴藏着放弃对正义原则进行普遍主义论证的危险。主张这种观点有两个后果:一方面无法在现存的政治文化中找到对这种政治文化进行内在批判和内在超越的依据;另一方面无法在特定社会和文化传统之外谈论某种制度的普遍意义和正当价值。哈贝马斯并不赞同罗蒂(R. Rorty)把罗尔斯引为知己,觉得罗蒂没有理由认为罗尔斯像他一样也持"一种彻头彻尾的历史主义的和反普遍主义的态度"。[26]但哈贝马斯认为,要完全防止这种倾向,通过对某个偶然的传统进行解释学澄清而得到的一个正义概念,还必须经受进一步道德论辩检验,以看看它是否不仅得到认可,而且也值得认可。[27]

我们在赞成哈贝马斯批评罗尔斯"道德眼光"以及与之相连的道德问题和道德论辩的时候,还要看到,普遍的政治观念和正义原则得到具有不同价值观念和伦理生活方式的人们的发自内心的同意,毕竟是非常重要的。[28]哈贝马斯批评罗尔斯只看到正义观念之被认可这个事实对于社会稳定的重要性,而忽视了对正义观念的可认可性进行辩护的必要性,这是有道理的。但是,社会稳定毕竟是一个重要问题;借助于罗尔斯所讲的那种认可所得到的稳定,毕竟要强于借助于暂时妥协甚至欺骗和暴力所得到的稳定。所以,在肯定哈贝马斯强调通过道德论辩对规范(包括正义原则)进行有效性辩护的同时，我们也应该肯定罗尔斯重视公民基于不同完备性学说对正义原则的支持。也就是说，公共规范所需要的不仅是道德辩护，而且是伦理辩护；从伦理的角度能提供的不仅是信念的理由，而且是行动的动机。道德辩护和伦理辩护对于超越特定个人或集体的伦理生活方式的要求是不一样的，但这两种辩护应该是可以同时进行、并行不悖的。

四

"重叠共识"还可以做这样的理解，即不同的人们在承认现在的观念存在着分歧的同时，在未来的目标上却具有共识——目前持有不同观点和立场的人们，努力寻求通过和平共处、平等交往而形成或加深彼此理解，甚至追求"视域融合"。

前面我们提到，罗尔斯和泰勒都认为多元价值的主张者从他们各自价值体系出发来理解和支持需要共同遵守的规范，具有重要意义。但是，同样强调"价值"对于"规范"的支持，罗尔斯和泰勒的理论动机不尽相同。在罗尔斯那里，价值（完备性学说）对规范（正义原则）的支持，很大程度上是通过一种解释学循环来澄清的：一方面，完备性学说只要是合理的，就会支持作为公平的正义观念；另一方面，自由主义社会的一个特征是"正当对于善的优先性"，而这意味着，在这种社会中，"可允许的各种善的观念，都必须尊重政治的正义观所设的限制，并且在这种正义观之内起作用"[29]。罗尔斯不像哈贝马斯那样另外借助于一个系统的理论如商谈理论甚至普遍语用学来走出这种解释学循环，因为对他来说，以这种相互诠释和"反思平衡"的方式来说明不同的合理的价值学说是可以支持同一些规范原则的，就足够了。关键在于，罗尔斯的目的只是说明这种支持是有助于社会的"有正当理由的稳定"的，也就是说在罗尔斯那里这种支持所具有的主要是工具价值而不是内在价值。与罗尔斯不同，泰勒重视的不是这种支持的工具意义，而是它对于个人（或共同体）尊严的内在意义。泰勒认为，尽管各种神学观点、形而上学观点之间差别极大，尽管人们常常口是心非、言行不一，但对于正义、仁爱的需要以及它们的重要性，人们的意见往往是高度一致的。但重要的是，这些共识背后的基础是什么？我们所同意的这些规范及其标准的"道德根源"是什么？泰勒认为普遍标准的道德根源非常重要，因为它决定了我们对这些标准是"如何体验"[30]的。我们可以觉得普遍标准是必须履行的义务，若不履行就感到不足和不安，若履行了就感到兴奋或宽慰。但相比之下，"如果触动我们的是觉得人类是突出地值得去帮助或公正对待的强烈感受，是一种关于人们的尊严或价值的感受，就完全是另外一种情况"[31]。在泰勒看来，"仅仅用未能履行义务的感觉、内疚感、或它的反面即自我满足感来支撑这种要求，是有些道德败坏、甚至危险的"[32]。比方说，帮助某人时如果只是出于道德义务感，而不是出于对这人的真诚关切和尊重，常常反而会给这人带来屈辱而不是帮助。

但是，承认普遍规范有道德根源很容易，但这些道德根源是多种多样的，常常是彼此冲突的，这个问题却非常棘手。罗尔斯的政治自由主义和哈贝马斯的商谈的民主理论，说到底都是为了应对在现代社会中具有典型意义的这个棘手问题。泰勒既反对罗尔斯和哈贝马斯所代表的程序主义理论企图通过强调中立程序，来回避普遍标准之道德根源的多样性和冲突性，也反对现代性的主张者和批判者两方面当中都存在的那种倾向，即因为某种精神价值和精神追求导致了痛苦或破坏，就断然拒绝这种追求和价值。在出版于1989年的《自我的根源》结尾处，泰勒把如何在维持普遍标准的道德根源或精神根源的同时避免这些根源之间的相互否定和破坏，当作一种必须应对的挑战；把赢得这种挑战、避免诸善之间相互戕害的结局，当作一种虽无把握但坚信不疑的"希望"。[33]泰勒并不讳言这种说法的宗教色彩，但在此后发表的一些论著中，泰勒设法为这种希望提供较为哲学而非宗教的论证，其中的核心观点是，不同价值体系和世界观可以通过在彼此尊重基础上的对话，来寻求相互理解，甚至视域融合（a fusion of horizons）。

在前面提到的那篇发表于1996年的有关人权共识的文章中，泰勒细述了人权既可以用西方的人道主义或人类主体性（human agency）观念来论证，也可以用佛教的"不杀生"（ahimsa）的要求来论证，并把这作为例子，来表明普遍标准是可以获得跨文化的共识的。但他马上指出，这样的共识并不是一个令人满意的终点，"追求更深层理解的某种努力，必须随之而来"[34]。否则的话，他认为，共识的好处就是脆弱的。一则，在这种情况下所达成的同意决不是完整的。比方说，人权的"不杀生"基础与生态问题的关系，就与人权的西方人道主义基础与生态问题的关系大不相同，而这些分歧都会导致实践上的差异。二则，在这种情况下所达成的共识，常常并没有伴随着足够的相互尊重，而这种尊重对于不断处理差异以更新共识来说，是不可缺少的："如果各方都强烈地感到对方的精神基础是荒谬的，虚假的，低下的，廉价的，这些态度不可能不耗竭持这些态度的人的求同意愿，并在那些因此而受到贬抑的人们那里产生愤怒和怨恨。"[35]

为此，泰勒强调相互理解（understanding）的重要性："治疗蔑视的唯一处方是理解。"[36]在有的情况下，不同出发点之间的相互理解是达成重叠共识之后的更高境界，如刚才提到的西方人道主义和佛教"不杀生"观念，它们在人权问题上达成重叠共识之后，还须通过相互理解而相互尊重。在有的情况下，不同出发点的相互理解是它们之间达成重叠共识（如果有可能达成这种共识的话）的必要前提，因为，如性别平等问题上现代西方人与有些非西方社会人们的观点上的鸿沟这个例子所表明的，如果两种观点缺乏起码的相互尊重，它们之间的分歧要逐步缩小就无从谈起。

　　强调构成"重叠共识"之分歧各方之间的相互理解，不仅是为了使这种共识更加牢固，而且是为了使这种共识对各方都带来更多收获。罗尔斯谈到从宪法共识向"重叠共识"的提升、从权宜之计向"重叠共识"的提升，但在以下意义上可以说对"重叠共识"大体上只作了一种静态的理解：达成重叠共识的各种世界观、价值观或完备性学说在进入这种共识的前后，并没有发生实质性变化。罗尔斯也曾谈论过自由民主的政治文化对各种世界观的影响，说在这种政治文化当中有些世界观会从比较不合理变得比较合理。但是，不同世界观之间的对话，通过这种对话在内容上修改自己、完善自己，这样的可能性则基本上落在罗尔斯的视野之外。泰勒说"纯粹的共识必须向着一种视域融合努力前行"[37]，对这个观点罗尔斯估计不会赞同，我们也不一定完全接受，因为不同视域的完全融合即使可行，也未必可欲。但是，"视域融合"的观念蕴含着的一些要求，却是值得我们重视的，比如，对我们不赞同的观点，我们要尽量先努力去理解它；为了有可能理解这种观点，我们要尽量先少一些冷漠甚至敌意，而多一些宽容和尊重；尤其是，来自他者的哪怕是恶意挑战而不是盛情邀请，我们在正当防卫的同时也应该尽量同时视之为一次学习机会，而真正意义上的学习，往往不仅是充实自己，而且是调整自己。

　　这种意义上的"重叠共识"，就不再只是哈贝马斯批评罗尔斯时说的那种纯粹的"社会事件"，也不仅仅是哈贝马斯意义上的学习成就，而同时也是一种精神成长，一种具有高度包容性和创造性的文明进步。借用《周易》"天下同归而殊途，一致而百虑"的命题来说，"殊途"与"同归"之间、"百虑"与"一致"之间，既不是手段与目的之间的关系，也不是过程与结果之间的关系。在这种意义上的集体学习和文明进步中，"同归"和"一致"既不意味着一方取代其他各方，也不意味着各方之间简单拉平；它们的内容和主体既非预先确定，也非一成不变。同样，"殊途"和"百虑"在"同归"和"一致"之中不仅被超越，而且被包括；"殊途"们和"百虑"们不仅相互超越，而且自我超越，并且是彼此关联地自我超越。

五

"重叠共识"不仅是一个理论问题，而且是一个实践问题；在不同的人们之间、在不同的民族之间达成重叠共识，关键在于相关的人们都以高度负责的态度参与到共同的自觉的历史实践过程中去。

在这方面李泽厚的观点值得关注。李泽厚表示赞同罗尔斯的"重叠共识"的观念，尤其是这个观念背后的这个概念区分："对错"与"善恶"的区分。在李泽厚看来，存在着两种道德，一种是"社会性道德"，另一种是"宗教性道德"。社会性道德涉及的是对错的问题，宗教性道德涉及的是善恶的问题。李泽厚认为，罗尔斯的重叠共识理论完全符合这种区分，而这个区分意味着"将现代世界各社会、各地域、各国家、各文化中人们基本的行为规范、生活准则，与各种传统的宗教、'主义'所宣扬的教义、信仰、情感、伦理区分开，割断它们的历史的或理论的因果联系。例如不必将现代社会所要求的自由、人权、民主议定追溯或归功于基督教或希腊文化之类，而明确认为它们只是现代人际关系中共同遵行的政治、法律原则（政治哲学）。它们要解决的是'对错'问题，权利、义务诸问题，实际乃是现代经济生活（西体）的产物，所以才有世界性的客观社会性"[38]。

这段话的最后一句话表达的是李泽厚自己对于"重叠共识"观念的新理解。在李泽厚看来，在与传统宗教、文化和信仰相分离的政治伦理的层面上的重叠共识何以可能及从何而来，罗尔斯似乎并没有给予清楚的回答。李泽厚自己的回答的出发点实际上是马克思主义关于法律和道德等上层建筑受经济生活和物质生活的基础的影响的观点：所谓"现代社会性道德"的客观上的普世性，"来自世界经济生活的趋同或一体化"[39]。由于我们的日常物质生活的趋同性，包括衣食住行、医疗、工作、娱乐、信息等各方面的趋同性，"精神生活中的个体自觉、个性解放、个人独立等等便不可避免"[40]。李泽厚接着写道："自由主义和现代'社会性道德'所要求的只是个人旅行现代社会中的最低限度的义务、遵行最低限度的公共规范和准则，如履行契约、爱护公物、恪守秩序、遵循各种职业道德、服义务兵役、不侵犯他人等等。违反它们，可以涉及也可以不涉及法律，但由于破坏公共生活秩序，有损他人权益，从而是'不道德的'。"[41]

李泽厚强调"重叠共识"观念的历史现实基础的重要性，是正确的。这一点之所以重要，是因为那么不同的文化共同体的那么多人们会接受和遵守同一些规范、原则或标准，是一个有必要加以解释的现象，而这种解释至少可以从两个角度进行。一方面，这些普遍接受的规范是我们在其中以现代方式生活的社会系统的功能要求；只要这些系统在发挥作用，这些规范就拥有一种我们不得不服从的规范力量。另一方面，因为在我们生活于其中的这个现代世界中，这些规范往往是被人遵守的，我们多多少少已经把这些规范内化于自身了；换句话说，我们多多少少已经经历了一个大体符合这些规范的社会化过程。这不仅解释了为什么我们必须遵守这些共同规范，而且解释了为什么我们常常相当情愿地遵守这些规范。对于"为什么要有道德"这个臭名昭著的"现代"问题，道德理论家必须提出一个有理论依据的回答，但对于一般人来说，对于经历了正常的、李泽厚所说的"社会性道德"在其中发挥良好作用的社会化过程的普通人来说，这个问题从来就不是一个真实的问题。"为什么要有道德"（或"为什么要按照李泽厚所说的'社会性道德'生活"）这个问题在理论上被提出来之前，已经在实践中、在日常生活中被解决了。马克思说"凡是把理论引向神秘主义的神秘东西，都能在人的实践中以及对这个实践的理解中得到合理的解决"[42]，就包含了这层意思。马克思把"改变世界"的重要性置于"解释世界"之上，[43] 也是出于同样的考虑。

根据同样的精神，我们应该不仅寻找遵循共同规范的意愿的现实基础，而且寻找彼此间尊重共同规范之各自"道德根源"的意愿的现实基础。进一步说，一个人在遵守共同规范的同时尊重他人为其遵守这些规范所提供的基于其特殊价值的理由和动机，他这样做的动机和意愿也是有现实基础的；对这种基础我们不仅应该去寻找，而且应该在它还不存在的情况下，下力气去构建。因此，"重叠共识"不仅是一个在政治哲学中讨论的观念，也不仅是一个在政治文化中讨论的事实，而且是一个我们应当在政治实践中追求的目标。

但是，仅仅看到共同的社会规范的功能要求和遵循这些规范的心理机制，是不够的。更确切些说，我们不应该在看到规范的外部有效性或实效性（efficiency）的同时忽视规范的内在有效性或正当性（validity），或者把规范的有效性问题归结为规范的事实性问题。这两个问题是密切联系着的，李泽厚在过去数十年间通过对康德的解释和对中国思想史的研究在揭示这种密切联系方面做了卓有成效的工作。但是，这两个问题之间的联系并不意味着这两个问题之间的归并。我们不仅要解释"社会性道德"的规范如何及为何被普遍接受，而且要解释为什么、出于何种理由这些规范值得被普遍接受。任何东西，我们不应该仅仅因为它是一个"所然"，或者因为它将要成为一个"所然",就把它当作一个"所当然"。一方面,现实中永远存在着多种因素和可能性,我们有必要就哪些因素和可能性应当保存、发展和实现,哪些因素和可能性应该减小甚至消除,作出自己的选择。另一方面,人类已经掌握了对这些因素和可能性施加巨大影响的技术手段;我们现在手中拥有的改造环境甚至整个地球的技术手段是如此强大,以至于对它们的有些误用或滥用,会产生出我们和我们的后代可能不再有机会去克服和弥补的一些后果。从这个角度来看,马克思的另一个著名命题获得了新的含义。马克思在《路易·波拿巴的雾月十八日》中写道:"人们自己创造自己的历史,但是他们并不是随心所欲地创造,并不是在他们自己选定的条件下创造,而是在直接碰到的、既定的、从过去承继下来的条件下创造。"[44]我们确实不能随心所欲地创造历史,我们确实总是在直接碰到的、既定的从过去承继下来的条件下创造历史。但是,只要我们拥有选择做这个而不做那个的一块微小空间(我认为我们确实拥有这样一块空间),我们就应该清楚地意识到这样一个事实,即我们现在所做的选择,立即会成为我们的子孙们的"直接碰到的、既定的从过去承继下来的条件"的一部分。考虑到我们现在所拥有的技术力量的规模和能级,我们现在所犯的一个小错误,很可能在将来产生大后果。人类历史上大概还从来没有一代人像我们这代人那样对自己的后代承担着那么沉重的责任;在这种情况下,机械地认定社会变化对于道德变化的优先性,简单地用社会物质生活的趋同性来论证公共行动规范的普遍有效性，有可能引出随波逐流、放弃责任的危险后果。

因此，在讨论"重叠共识"观念的时候，我们既要高度重视理论与实践之间的关系，又要对这种关系作一些新的理解。一方面，重叠共识在我们时代的可欲性和可行性既是一个理论问题，也是一个实践问题，这两个方面必须密切结合起来加以考虑。离开历史主体的道德责任和实践介入而抽象地谈论人类历史的客观性和必然性，从来就不是马克思主义的观点，这一点现在比以前可以看得更加清楚了。另一方面，这里所说的"实践"、"理论"以及这两个方面的"结合"，都要作一些新的理解。

首先，这里所说的"实践"，既是指国内社会中不同文化的人们的共同努力，也是指国际社会中不同文化的人们的共同努力。在肯定在这两种社会中都有一个如何建立"重叠共识"的问题的同时，要看到两者之间存在着重要区别：国内社会的边界通常与主权国家的边界大致重合，而国际社会则没有一个世界性政府与之互动。因此，对这两种场合中"多元"和"共识"各有什么限度和特点，要做认真研究。

其次，这里所说的"理论"既是指对规范的普遍有效性的理论论证，也是指对普遍规范与特殊价值之间的相互可容纳性和可适应性的理论论证。两种论证都不容易，而后面那种论证尤其困难。但普遍规范与特殊价值之间的这种可容纳性和可适应性若完全没有着落的话,"重叠共识"就只是一个空洞设想。

最后,也是最重要的,这里所说的理论与实践的"结合",不仅要求理论家关注实践基础、要求实干家尊重理论指导,而且要求双方在自己的工作方式而不仅仅是工作内容中,把理论态度和实践态度结合起来。一方面,那些被认为主要从事理论工作的人们要清楚地意识到,在这个充满着"知识经济"、"信息时代"和"符号消费"这样一些关键词的世界上,他们在"解释世界"的时候,也在很大程度上"改变世界"。从"重叠共识"观念的角度来说,理论工作的这种实践意识提醒人们,要避免和抵制如欧洲有些国家发生的那种以言论自由名义对其他群体进行的文化伤害。另一方面,那些被认为主要从事实践工作的人们,也要能自觉地参与到关于大量实际问题的理性讨论之中。从"重叠共识"观念的角度来说,实践工作的这种理论意识提醒人们,在有关决策及其实施的商议过程中,要在不违背普遍原则和共同规范的前提下,更多地吸纳各种文化视角和价值立场,以便把集体行动和共同的社会生活真正建立在信息充分、理据全面的实践判断的基础之上。

注 释

[1] 中共十七大报告不仅提出要在国际社会中与世界各国在"文化上相互借鉴、求同存异,尊重世界多样性",而且要在国内社会中"既尊重差异、包容多样,

又有力抵制各种错误和腐朽思想的影响"。胡锦涛:《高举中国特色社会主义伟大旗帜,为夺取全面建设小康社会新胜利而奋斗——在中国共产党第十七次全国代表大会上的报告》,《求是》2007年第21期(2007年11月1日)。

〔2〕John Rawls, *A Theory of Justice*, Cambridge, Mass.: The Belknap Press of Harvard University Press, 1971, pp. 387—388.

〔3〕John Rawls, *A Theory of Justice*, Cambridge, Mass.: The Belknap Press of Harvard University Press, p. 387. 对这一点我们可以用这样一个例子来说明:先秦儒家在论证道德教育的重要性的时候,既有性善论的论证(孟子),也有性恶论的论证(荀子)。

〔4〕John Rawls, "The Domain of the Political and Overlapping Consensus", in John Rawls, *Collected Papers*, edited by Samuel Freeman, Cambridge, Mass., London, England: Harvard University Press, 1999, p. 473.

〔5〕John Rawls, *Political Liberalism*, New York: Columbia University Press, 1996, p. 36. 参见〔美〕约翰·罗尔斯:《政治自由主义》,万俊人译,译林出版社2000年版,第37页。中译本把"reasonable"译成"理性的",而把"rational"译成"合性的",但笔者认为罗尔斯对"reasonable"的理解类似于中文的"合乎情理",故主张译成"合理的",而"rational"一词则常常用在"theory of rational choice"(理性选择理论)之类的词组中,故主张译为"理性的"。

〔6〕John Rawls: "Reply to Habermas", in John Rawls, *Political Liberalism*, New York: Columbia University Press, 1996, pp. 388—389.

〔7〕Jürgen Habermas, *Vorstudien und Ergaenzungen zur Theorie des kommunikativen Handelns*, Frankfurt am Main: Suhrkamp, 1995, 第137页。"合理共识"一词在这里的德文原词是"vernuenftige Konsensus",其中的形容词"vernuenftige"与罗尔斯著作德译本中对应于"reasonable"的那个词是同一个词,见John Rawls, *Die Idee des politischen Liberalismus: Aufsaetze 1978—1989*, Frankfurt am Main: Suhrkamp, 1992, 第98页。在该页上,英文的"the reasonable"和"the rational"(见John Rawls, *Political Liberalism*, pp.48—54)分别被译为"das Vernuenftige"和"das Rationale"。

〔8〕〔德〕哈贝马斯:《在事实与规范之间——关于法律和民主法治国的商谈理论》,童世骏译,生活·读书·新知三联书店2003年版,第132页。

〔9〕John Rawls, *Political Liberalism*, New York: Columbia University Press, 1996, p. 58.

〔10〕〔挪威〕哈罗德·格里门:《合理的退让和认知的退让》,G. 希尔贝克、童世骏编:《跨越边界的哲学——挪威哲学文集》,童世骏等译,浙江人民出版社

1999年版，第367页。

[11]同上书，第368页。

[12]同上书，第385页，注3。

[13]同上书，第135页。

[14]同上书；见John Rawls, "The Idea of an Overlapping Consensus", John Rawls, "The Domain of the Political and Overlapping Consensus", in John Rawls, *Collected Papers*, edited by Samuel Freeman, Cambridge, Mass., London, England: Harvard University Press, 1999, p. 434。

[15]John Rawls, *Political Liberalism*, New York: Columbia University Press, 1996, p. 49.

[16]Ibid., p. 59.

[17]梁漱溟:《中国文化要义》)，载《梁漱溟全集》第3卷，山东人民出版社1990年版，第123页。

[18]Charles Taylor, "Conditions of an Unforced Consensus on Human Rights", *East Asian Challenge for Human Rights*, edited by Joanne R. Bauer and Daniel A. Bell, London: Cambridge University Press, 1999, p. 124.

[19]Ibid., p. 125.

[20]Jürgen Habermas, "Reconciliation through the Public Use of Reason", *The Journal of Philosophy*, Volume XGII, No. 3, March 1995, p. 115.

[21]Jürgen Habermas, *The Theory of Communicative Action*, Volume 2, translated by Thomas McCarthy, Boston: Beacon Press, 1987, p. 17. 罗尔斯在《正义论》，尤其是《政治自由主义》中讨论的规范，主要处于"原则"层面。

[22]Jürgen Habermas, "Reconciliation through the Public Use of Reason", *The Journal of Philosophy*, Volume XGII, No. 3, March 1995, p. 122.

[23]John Rawls: "Reply to Habermas", in John Rawls, *Political Liberalism*, New York: Columbia University Press, 1996, pp. 386—387.

[24]Ibid., p. 385.

[25]John Rawls, *Political Liberalism*, New York: Columbia University Press, 1996, pp. 3—4.

[26]转引自[德]哈贝马斯:《在事实与规范之间——关于法律和民主法治国的商谈理论》，童世骏译，生活·读书·新知三联书店2003年版，第78页。

[27]Jürgen Habermas, "Reconciliation through the Public Use of Reason", *The Journal of Philosophy*, Volume XGII, No. 3, March 1995, p. 122. 亦见[德]哈贝马斯:

《在事实与规范之间——关于法律和民主法治国的商谈理论》，童世骏译，生活·读书·新知三联书店 2003 年版，第 79 页。

［28］如果说哈贝马斯完全忽视这点，可能有失公允，因为他之所以强调他所理解的"政治文化"（一个群体通过共同的政治过程而形成的文化，而不仅仅是与政治过程相关的文化），就是为了替普遍主义政治找到一个特殊主义基础，详见童世骏：《政治文化和现代社会的集体认同》，载《当代国外马克思主义评论》第 1 辑，复旦大学当代国外马克思主义研究中心编，复旦大学出版社 2000 年版。此外，在近年来有关宗教的讨论中，哈贝马斯认为在不同的宗教—世界观之间，存在着一些有关人类的自我理解的最低量共识，而这种伦理共识支持了用商谈论的道德理论所理解的道德，详见童世骏：《"后世俗社会"的批判理论——哈贝马斯与宗教》，《社会科学》2008 年第 1 期。

［29］John Rawls, *Political Liberalism*, New York: Columbia University Press, 1996, p. 176.

［30］Charles Taylor, *Sources of the Self*: *the Making of the Modernity Identity*, Harvard University Press, Cambridge, Mass, 1989, p. 515.

［31］Ibid., p. 515.

［32］Ibid., p. 516.

［33］Ibid., p. 521.

［34］Charles Taylor, "Conditions of an Unforced Consensus on Human Rights", *East Asian Challenge for Human Rights*, Joanne R. Bauer, Daniel A. Bell (ed.), Cambridge, UK/New York, USA: Cambridge University Press, 1999, p. 137.

［35］Ibid., p. 138,

［36］Ibid., p. 138.

［37］Ibid., p. 138.

［38］李泽厚：《历史本体论／己卯五说》，生活·读书·新知三联书店 2003 年版，第 71 页。

［39］同上书，第 71 页。

［40］同上书，第 72 页。

［41］同上书，第 72 页。

［42］《马克思恩格斯选集》第 1 卷，中共中央编译局编译，人民出版社 1995 年版，第 60 页。

［43］同上书，第 61 页。

［44］同上书，第 585 页。

WHY "ECNU"? *

——谈谈我对大学精神的理解

　　我今天讲的题目是大学文化和大学精神，但是我想稍微多点我自己个人的理解，所以变成为"我对大学精神的理解"。ECNU 在这里是打上了双引号，它当然是华东师范大学的英文缩写，但听完以后大家会明白，这四个字母的含义，不局限于华东师大。

　　华东师范大学创校校长、著名教育学家孟宪承在 1934 年出版的商务印书馆《大学教育》开篇写了这么一段："大学是最高的学府，这不仅仅因为在教育的制度上，它达到了最高的一个阶段；尤其是因为在人类运用他的智慧于真善美的探求上，在以这探求所获来谋文化和社会的向上发展，它代表了人们最高的努力了。大学的理想，

　　* 本文为作者在 2015 年 9 月 2 日为华东师范大学新进教师培训班学员所做的演讲，修改后刊于《大夏教研》2015 年第 2 期。

实在就含孕着人们关于文化和社会的最高的理想。"[1]这是对大学精神再漂亮不过的表述。

孟宪承在《大学教育》中简述了大学的根本精神和形成过程后，分三点来仔细分析"现代大学的理想"：第一，"智慧的创获"；第二，"品性的陶熔"；第三，"民族和社会的发展"。[2]这就是著名的"大学三理想"，经过我们的创校校长用典雅的中文表达之后，它也成了华东师大特有的文化使命和精神遗产。

接下来我想对这三元一体的大学理想做一个展开的论述，我想就用华东师大英文校名的缩写来阐释：ECNU 这四个字母，分别作为华东师大的一个理想或一组理念的标志。华东师大的英文全名是 East China Normal University。外国人经常会问"Why 'normal'？"，"What do you mean by 'normal'？"。我这里要问的是：Why "ECNU"？

一

我们从 C 开始，把孟宪承概括的"大学三理想"用三个单词来概括：Creativity、Character、Community。也就是说，"智慧的创获"用"Creativity"来代表，"品性的陶熔"用"Character"来代表，用"民族和社会的发展"用"Community"来代表。这基本上对应于我们通常讲的三项大学使命，即科学研究、人才培养、社会服务（孟宪承另一个表述是"研究"、"教学"和"推广"[3]）。这是全世界共享的大学观念。后来胡锦涛同志在清华百年校庆时做报告说，大学第四个使命是文化传承与创新，它是把本来渗透在那三项使命当中的一个重要内容，抽取出来加以强调，也可以看成中国对大学理念的贡献。

关于第一个 C，Creativity，或"智慧的创获"，孟宪承的解释是："到现在，没有哪一国的大学，教师不竞于所谓'创造的学问'（creative scholarship），学生不勉于所谓'独创的研究'（original research）。"[4]

很显然，孟宪承受到德国大学理念的影响，把大学看作是做研究非常重要的学府。最典型的是洪堡兄弟在 19 世纪初创办的洪堡大学。威廉姆·洪堡说："……高等学术机构的一个特点，就是它们把学术（Wissenschaft）始终看作是在与尚未完全解决的问题打交道，而学校则相反只涉及已经完成的、已经确定了的知识。"[5]洪堡认为，大学（university）和学校（school）是不一样的，学校是教授对已经解决了的问题的知识，而在大学中，学生在学习已有知识的过程中也学习对新知识的探索。同样的观点，一个叫雅斯贝斯的 20 世纪德国哲学家，在 20 世纪 20 年代、40 年代、60 年代写过三个不同版本的书来讨论同一个大学理念，都是把教学和科研的统一看作为大学根本特征之一。这是我们现在所说的研究型大学的根本特点。

其实，中国现代大学一开始建立就瞄准了研究型大学，蔡元培先生在 1917 年担任北大校长就职演讲时就说过："大学者，研究高深学问者也。"[6] 1925 年，一个基督教的国际学生组织在北京召开会议，蔡元培先生应邀去做了一个关于中国大学观念的讲座，基本上讲的就是研究型大学的特点，以北京大学为代表的这些大学，目的"不仅在于培养人们的实际工作能力，还在于培养人们在各种知识领域中作进一步深入研究的能力"。[7] 蔡元培还介绍了北京大学为了鼓励"高深研究工作"而采取的一些具体措施。所以中国大学的起点，虽然与西方相比产生的比较晚——在欧美一所大学动不动就有三四百年的历史，比如与我们有合作的瑞士巴塞尔大学，前几年庆祝 425 周年校庆，但是我们的起点是比较高的，一开始就是研究型大学的格局。这里要强调的是，孟宪承的表述"智慧的创获"既表达了教师的职责，也表达了学生在研究型大学学习的方式和特点。"智慧的创获"的这个"获"，可以是教授通过自己的研究解决的前人未解决的问题，也可以是学生在学习过程中用研究者的态度去获得前人已经获得的知识：虽然你不能指望学生在学习过程中获得的知识都是前人没能解决的问题的解答，但是他们在学习时的态度，却是虽然面对着原则上已经被前人解答了的问题，但要 as if（仿佛）这个问题是还没有被前人解决的，他要以一种探求的方式在老师的指导下去获得对他来说是全新的知识。如果这样来理解学习过程，那么这个"获"就不仅仅获得了知识，而且是掌握了技能和方法，掌握了求知过程各个环节上的能力。这是第一个 C 即 creativity 的含义。华东师大于 2006 年进入"985"大学行列，标志着我们的研究型大学定位已不成问题，尽管我们在有些领域还处于转型的过程当中；孟宪承对"智慧的创获"的解释，应该是我们的自我认识中一个非常重要的组成部分。

第二个 C 是 Character，代表"品性的陶熔"，或用孟宪承引用的一位作者的说法，"forming the character"[8]。在这里孟宪承特别强调这一点："大学是一个学校，师生应该有学校的群体生活。"[9]他跟洪堡讲的不一样，洪堡把大学（university）和学校（school）区分得比较开，而孟宪承就说大学是一个学校，你还得承认它是 a school，师生应该有学校的群体生活。"而且"，他接着说："从来大学的师生，被当作社会的知识上最优秀的分子（elite），是反映着社会的最美的道德的理想。"[10]孟宪承在解释大学这方面的理想时，不仅是简单地延续洪堡的大学理念，其实是吸收了一种有鲜明的英国特征的大学传统。英国 19 世纪有个思想家，叫做约翰·亨利·纽曼，他做过关于大学理念的讲演，写过关于大学理念的著作，也亲手创立了一所大学（爱尔兰的都柏林大学）。纽曼的大学理念跟洪堡的不一样。他认为大学最重要的还是传授知识。他认为传授知识的人和探索知识的人的个性是不一样的，探索知识的人有时是很怪的，不一定善于跟人沟通，有时头脑钻到一个问题中去会不顾一切的，但是传授知识的人要有很健全的个性、通畅的表达、优雅的举止等。孟宪承在讲"品性的陶熔"时，引用了好几段纽曼的论述。其中有一段论述是这样的："假使给我两个大学：一个没有住院生活和导师制度而只凭考试授予学位的，一个是没有教授和考试而只聚集着几辈少年，过三四个年头的学院生活。假使要我选择其一，我毫不犹疑地选择后者。"[11] 这当然是两种大学理念的区别，实际上典型的现代大学很大程度上是把这两种理念结合起来的，比如在哈佛大学，本科生进入的是 Harvard College，这个"college"就有一种"宿舍"的意思在。就是说学生之间、师生之间要在一起进行互动、交流、分享，这是大学生活非常重要的一个方面。这一点在我们信息技术高度发达的今天特别有意思，我们今天常讲慕课、网上课堂、远程教育等，似乎互动、直接的接触、面对面的接触不那么必要了。但是，我们曾经预言电影院是要消失的，因为有了碟片，在家看是那么方便，但是电影院没有消失，而且好像还很繁荣；大家在一起学习成长的必要性，要远远超过大家在一起观影赏片的必要性。尽管现代知识传播那么发达了，但大学里面朝夕相处的学习方式完全没有过时，所以就这一点而言，纽曼的解释会给我们一些启发。清华大学老校长梅贻琦先生对于这点也有很好的说法。他说："学校犹水也，师生犹鱼也，其行动犹游泳也，大鱼前导，小鱼尾随，是从游也，从游既久，其濡染观摩之效，自不求而至，不为而成。"[12] 也就是说，大学不仅仅是传递抽象的命题式或者公式化知识的地方，它还是一个人格养成的地方，一个品性陶熔的地方，这个品性的陶熔要靠模仿的，要靠感染的，要靠相互激励的，这就是大学的一个特点。

第三个 C 是 Community，代表"民族和社会的发展"。这也是现代大学非常重要的一个方面。孟宪承一方面主张大学自己要建设成一个"学习的社会"（a learning community），[13] 另一方面主张要在研究和教学的基础上向社会推广知识、"以文化来推进社会的发展"。[14] 孟宪承举了费希特的例子。费希特是德国古典哲学家中非常重要的一位，他之前的康德、他之后的黑格尔都对现代大学的形成做出过非常重要的贡献，但费希特的贡献可能更加突出一点。刚刚讲到洪堡大学的创建，费希特也是有着很大的贡献；整个德国现代大学系统的建立，就是要通过教育来恢复与法国拿破仑交战当中受到严重伤害的民族尊严。1807 年，费希特从已经沦陷的耶拿大学赶到柏林做 14 次演讲，最有名的一句是："恢复民族的光荣，先从教育上奋斗！"孟宪承说："这就是创立柏林大学的一个动机。民族复兴，是现在德国一般大学的无形的中心信仰。"[15] 同时，他指出，不仅德国，而且英国，以及意大利、苏联，包括"被拽入了现时代的舞台"[16] 的中国，现代大学的产生都有这样的民族和社会需要的背景。

在"民族和社会的发展"方面非常重要但孟宪承在《大学教育》中没有提到的一个大学传统，是美国的所谓"赠地学院"（land-grant colleges）。"赠地学院"是根据美国众议员（后为参议员）杰斯廷·史密斯·莫里尔（Justin Smith Morrill）提出，分别于 1862 年和 1890年通过的两项"赠地法案"建立起来的美国高等教育机构。19 世纪中期南北战争后，美国面临着全方位的现代化尤其是工业化，也可以说是民主化，需要受过高等教育的人才。为了适应这一需要，为了适应工业化、城市化、民主化等的需要，需要高等教育的人才，莫里尔提出把国家拥有的土地拿出来或者在这土地上建立学校，或者把土地卖掉的钱用来建设大学，所以现在美国很多大学的主页或章程中写着自己是一所 land-grant college 或一所 land-grant university，其中包括与我们华师大有合作关系的康奈尔学校。最著名的赠地学院是 MIT，也就是麻省理工学院。这样的学校，一般应用性学科会比较强，工科会比较强。显然，孟宪承讲的大学对"民族和社会的发展"所起的作用，有不同的表现形式。如果说洪堡大学与民族尊严关系特别密切的话，美国的 land-grant universities 则是社会的工业化和民主化关系特别密切，而在中国，从"五四"、"一·二九"等学生运动在中国抵御外敌、唤醒民众中所起的作用，可以看出中国大学在中国民族解放和现代化过程中也发挥着极其重要的作用。当然，对大学的社会使命的认识也是有不同的。梅贻琦在 20 世纪 30年代就说："我们做教师做学生的，最好最切实的救国方法，就是致力学术，造成有用人材，将来为国家服务。"[17] 也就是说我们现在在校园的使命就是好好学习，只有好好学习才会为社会作出更大的贡献。孟宪承是在新中国成立后迅速成为共产党领导的大学校长的，这和他比较进步有关，所以他特别关注在西方已经有的大学服务社会的理念，大学教授不仅要在高墙内从事学术，他还要走到大学高墙之外，到民间去。所以，他说："大学对于社会的贡献，就在于研究和教学。但也曾适应平民主义的要求，推广其知识于它的'高墙'以外，而又所谓'大学到民间去'的运动。"[18] 当然，在共产党还处于革命党时期，我们比较主张大学师生走出校园，到民间去，到前线去。像我的老师冯契教授——今年我们纪念他的百年诞辰，他1935 年考进清华，后来日本侵华，占领华北，他就先跑到山西后来跑到延安。这是中国共产党领导人民革命非常重要的一个特殊时期。但是中国共产党成为执政党后，特别是改革开放后，我们主要还是强调师生要在校园内做好学术、学好知识，为祖国建设贡献知识和人才。

上面是我对孟宪承讲的大学三理想的解释。这 3C 是对大学理想的全面表述，接下去我要讲的 ECNU 另外三个字母所代表的价值，它们分别是对三个 C 的解释。

二

先说 N，我想用 Normative，Novelty 和 Networking 这三个以"N"开头的单词，来对第一个 C，Creativity，也就是"智慧的创

271

获"，进行解释。

第一个 N，Normativity，表示"智慧的创获"的第一个特点，那就是规范性。无论是研究，还是学习，作为"智慧的创获"活动，它们都是要遵守规范的、受规范约束的。对于这一点，其实从 20 世纪中期以来哲学家们有大量的研究。我于 1988 年 8 月到挪威去做访问学者，去之前我写信去找一个哲学教授特伦洛伊（K. E. Tranoey），他吸引我的是我在学校图书馆读到的他的一篇文章，叫做"Norms of Inquiry: Methodologies as Normative Systems"。许多人认为科学研究是和道德不相干的，科学是 value-free（价值分离）的，或者说是 normatively neutral（规范上中立的）的，因为科学研究的成果可以被用作不同的用途，煤气可以用来煮饭，也可以用来杀人，原子能可以用于核电站，也可以用于原子弹。但实际上，科学研究活动本身是社会活动的一种，既然它是一种社会的活动，它就有价值和规范在里面，比如说，科学家探索知识就要有合作的精神，要尊重真理，不能说谎，要尊重逻辑、尊重事实，诸如此类。一个成熟的好的科学家，应该是对 scientific methodology as a system of research norms 已经烂熟于心了的，并且是能在行动当中很自然地体现这些规范的。我们有时候会讲一个人成就高低与这个人聪明不聪明有关，与实验设备好不好有关。这些当然有关。但是一个训练有素的科学家，他对科学界的 norms 即规范的掌握常常是更加重要的。因为其他外在条件往往是可以通过砸钱堆银子来解决的，但是科学研究之规范的掌握和实践，却是要通过先生的示范、后生的模仿、文化的熏陶、团体的激励和约束等等许多因素的汇合，而这种汇合往往是急不出来的。更何况，科学研究的规范，或者再广一点，包括教学在内的学术活动的规范，并不是很简单的，它们有的体现在过程当中，有的体现在成果表达当中；有的体现在个人行为当中，体现在团体行为当中；有的是纯粹约定性质的，有的则是相当普遍而刚性的；有的对于学术活动具有"构成性"意义的，一违反就好像你手拿足球在场上跑动一样违反了足球构成性的运动，但有的是对于学术活动具有"范导性"的，告诉你最好怎么做，能做到最好，但没能做到也不能说你不在从事学术活动，诸如此类。这些规范并不是凭经验、凭直觉就可以掌握那么简单的。

我在这里要特别强调，学术活动的规范，教学科研活动的规范，不仅在座各位专任教师要熟悉，从事管理从事服务的同事，从事各方面工作岗位的同事，也都要熟悉。从根本上说，每一项有专业要求的工作，甚至属于社会分工体系的每项工作，都是有规范的工作，而且它们的规范在根本精神上是相同的，那就是确保相关工作有确定的功能和标准，确保团队合作有确定的秩序和效率。尤其重要的是，每一位进入华东师大来工作的同事，都要通过熟悉那些对华东师大来说具有最根本意义的学术活动的规范，来认识华东师大是一所什么样的学校；都要通过尊重这些规范，来认同华东师大的核心价值。认识了、认同了这些核心价值，我们才能更好地来从事我们

273

的工作。

第二个 N，Novelty，说的是"智慧的创获"的第二个特点，就是创新性。在大学里，尤其是研究型大学，你不能只是遵守规范，而没有创新，教学是这样，科研尤其是这样。

什么叫作创新？创新就是提出和解决新问题，不管这里所说的问题是理论问题还是实践问题。教学活动的任务是传授知识，科研活动的任务是创造知识，而任何知识都不仅是对世界的反映，而也是对问题的解决；所谓创新，就是解决以前没有解决的问题。研究与教学的区别在于，研究中教师自己要解决的问题是原则上前人还没有解决的，而教学中教师让学生解决的问题，是原则上已经有人解决、但对学生来说还是新的问题。我们不赞成"满堂灌"的教学方法，而主张启发式的教学方法，因为"满堂灌"的实质是简单地把问题的答案告诉学生，而启发式教学的实质是让学生哪怕是面对前人已经解决的问题，也好像这些问题是新的问题那样，在老师的启发和指导下，靠自己的力量把答案寻找出来，而不是直接从老师手里接过答案。启发式学习因此就不仅向学生传授他们所求的知识，而且向学生传授求知的能力、传授提出问题和解决问题的能力。就连教学过程也需要创新，科研过程就更需要创新，也就是要解决不仅对于特定个人来说还没有解决的问题，而且要解决对于原则上整个人类来说都还没有解决的问题。从这个角度来看科学研究，它并不是一般意义上的求知过程，而是寻求新知识的过程，这种"新知识"一方面是对客观现实的新的正确反映，因而是新真理；另一方面是相关问题的新的恰当解决，因而是新答案。要得到这种既是新真理又是新答案的新知识，就意味着要把 normativity 和 novelty 结合起来，既要有规范性，又要有原创性，两者缺一不可。

第三个 N，Networking，说的是"智慧的创获"的第三个特点，就是交往性。科学家总是作为科学家共同体成员而工作的；哪怕我们做哲学的，很多好想法确实是孤独状况下冒出来、想清楚的，但我们产生这些想法之前要读许多论著，产生这些想法之后要写成论著求得别人认可，这也是与我们的同行进行交流。"交往性"可以说是"规范性"和"创新性"的结合。科学家是在共同体中工作的，而任何规范，只有在共同体当中才有意义；也只有在共同体中，我们的科研成果才谈得上有没有创造性。反过来说，智慧创获活动的"交往性"又以"规范性"和"创新性"作为前提：不遵守规范，学者之间交往就无可能；不贡献新思想，学者之间交往就没必要。在参与学术交往中，你必须拿出新的东西来，但新的东西一开始是不被人认可的，而你之所以参加学术交往，又是为了让你所贡献的思想被同行认可，但如果每个人拿到学术交往中来的都是一开始就取得普遍认可的，这就不是学术交往、不是科学共同体的交往了。所以，科学事业是充满着各种各样张力的这样一个过程。学会做一个好的科学家，就是学会处理好这样一些的张力。我们既要寻求还没有被认可的东西，又要寻求这些东西最终被认可的——要处理好这样一个矛盾，就必须学会交流，善于进入科学家的网络，善于跟师生跟同行进行分享和合作、讨论和争辩。也可以用更加哲学的术语来说，科学研究的核心不仅仅是一种"主客体关系"，而且也是一种"主体间关系"。

三

接下去说说U，我想用3个以U开头的单词，Upward，Upright，Universal，来解释第二个C，Character，也就是"品性的陶熔"。

第一个是U，Upward，表示"品性的陶镕"的第一个要求：成长。大学作为一个学术共同体，是以出人才出成果作为自己的根本要求的。所谓出人才、出成果，就是使学生经过培养得到成长、使知识经过研究得到增长。套用邓小平那句话，"发展是硬道理"；我们也可以说，在大学，甚至在任何学校，"成长是硬道理"。这里也可以引用美国教育学家、哲学家约翰·杜威的一句话，Since growth is the characteristic of life, education is all one with growing; it has no end beyond itself.[19] 其意思是说，成长是生命的根本特征，而教育的目的不外乎人的成长。我们经常会把某种状态作为教育的目的，以为教育就是要达到这样的状态。但杜威的意思则是说，理想的状态往往是很多人都达不到的，或者说和理想状态相比，人们的距离是不一样的，但对教育来说更重要的不是某种静止的状态，而是一个动态的成长。每个人的起点不一样，条件不一样，教育的成功与否，不能够用是否达到某个静止状态、用离开这一状态还有多少距离来加以衡量。我们做老师的都会碰到一个问题，即我们如何来评价各个学生的学习成绩。杜威告诉我们，最重要的是成长。一位基础很好、条件很好的学生，虽然他到毕业的时候还可以排到全班最前，但是假如他的进步很小，就不能说他是全班最好的学生；而一位同学如果刚开始进来条件很差、基础很差，但几年后取得了显著进步，那这位同学就是很好的同学；作为教师我们的成就感也就更大了。这是我对 upward 的理解。

第二个 U，Upright，表示"品性的陶镕"的第二个要求，那就是正直。关于这点，爱因斯坦在居里夫人去世后写过一篇非常著名的文章，讲道："第一流人物对于时代和历史进程的意义，在道德品质方面，也许比单纯的才智成就方面还要大，即使是后者，即使像居里夫人这样得过两次诺贝尔奖的科学家，她的科学成就，它们取决于品格的程度，也许超过通常所认为的那样。"[20] 我们常常会问为什么还没有中国国籍的人获得科学方面的诺贝尔奖，钱学森问为什么创新总是那么不够，为了回答这些问题，我们会比较多地去从研究的物质条件、经费条件、教育的基础设施等方面找寻答案。我从 2011 年 7 月走上学校的管理岗位后，与理科的同事、国家重点实验室的成员、具有第一流才智的科学家们，有比较多的接触。我的感觉是，在科学攀登到一定阶段，个人的品行和性格起的作用真可以说越来越重要。施一公在担任清华大学副校长后的第一次公开演讲中，告诉研究生们一个优秀的科学家应该具备什么素质。他说："我先说什么不重要的：最不重要的就是你的智商。"[21] 我觉得最关键的是我们的工作动力。科学研究，特别是高水平的科学研究，是要有动力的，是要有持久的强大的动力。我们常常会讲得比较高远，说是为了追求崇高的理想，是要为人类作贡献，为共产主义而奋斗，等等。这种崇高理想对有些人是会起作用的，但对许多人来说则是有些太高了。我们也会从利益的角度来寻找工作动机，你看现在出台的促进科技创新的那些政策，基本上都是给你利益，给你多少股权、多少分成等等。但是，对于高水平的科研工作来说，理想往往太高、而利益往往太少；对许多人来说，这两样动力往往都不足以使他们持久地进行高水平的创造性劳动。这里所说的"利益太少"，有两种情况。对有些人来说，教学科研带来的利益太少，我宁可在教学科研之外做点别的事情来改善生活。对有些人来说，能够进华东师大工作已经心满意足了，哪怕只是讲师，那也是"985"高校的讲师，与我在村里的大部分同伴相比，与我在县中的大多数同学相比，我已经很令人羡慕了，所以不需要努力奋斗、提高水平了。对这些同事来说，"利益太少"是指他们把利益作为主要的工作动力，而他们衡量利益多少的标准不高，小富即安，不思进取了。所以，仅仅从利益角度，是不足以推动我们不断地向上攀登的。在我看来，介于往往太高的理想和往往太少的利益之间，还有中间的一层，那就是职业伦理、岗位兴趣和集体荣誉感。

所谓职业伦理，是拿到一份工作就是你要好好地做好这份工作。德国社会学家韦伯研究现代资本主义为什么在西方兴起，包括现代科学、现代音乐、现代体育等等，为什么在西方兴起，他发现，现代经济等比较发达的地区，往往是新教徒人数比较多或者作用比较大的地区。所谓新教伦理的一个重要内容，就是所谓"天职"的观念。在新教徒那里，世俗的职业有了神圣的含义，在这个世界做工作有一种为上帝履职的意义在里面。当然，现在的欧洲很少有天天读《圣经》、每周上教堂那种意义上的虔诚基督徒了，但包括新教伦理在内的各种因素所形成的那种职业伦理，却依然是我们在考察西方当代社会时不能忽视的文化现象。

然后是岗位兴趣，对于大学教师来说就是学术兴趣。施一公在报告中再三讲，兴趣是可以培养的。这一点很重要。我相信你们进来的时候都会有学术兴趣，有强烈的求知欲，有在特定领域展示才能、实现价值的兴趣。但是时间长了以后也可能会淡然。我有时候会为我的一些同事感到可惜，他们整天在数论文，整天在做一些计较数量上的得失的工作。这就很难让自己长时期地维持在高度创造性的工作层面。兴趣非常重要，我希望大家能够始终维持现在这样的学术兴趣，或者如果现在的学术兴趣也不够，那就要好好培养、强化，要不然在这里度过一生会很遗憾，高强度但没有兴趣的职业生涯是令人遗憾的。在大学的工作是高强度的，是具有高度挑战的，这点你们一定要有认识，不然的话你们一定是误解了大学工作。对这样一种高强度的工作，你一定要有相当的兴趣，只有这样你们才能在这里享受到在别处享受不到的幸福。不然的话，倒不如趁年轻还来得及改换职业，从事你们真有兴趣的工作。

还有集体荣誉感。在华东师大我们讲校史，讲学校出过谁谁谁，为我们现在的学术发展、人生发展等创造了很好的条件。现在轮到我们为我们的后人创造条件了，如果在我们这一代华东师大下滑了，我们是有愧的，甚至有罪的。整个学校是这样，每个学院、学科都是这样，进入了一个集体，我们就同这个特定集体荣辱与共了。这样一种集体荣誉感，会实实在在增强我们的工作动力。

第三个 U，Universal，表示的是"品性的陶镕"的第三个要求：广博。前面提到，纽曼觉得擅长于知识发现的人和擅长于知识讲授的人，是有很大的区别的："最伟大的思想家们太专心于他们的专业问题，是无法容忍打搅的；他们心不在焉、脾气古怪，对课堂和公共学校多多少少是避而远之的。"[22] 但洪堡认为，恰恰是研究者的这种片面性，使得有必要强调把研究与教学统一起来："实现学术目标的最有效的方式，是通过对教师和学生两方面的性情的综合。教师的心智比较成熟一些，但它也发展得比较片面一些、比较冷静一些。学生的心智还稚嫩一些、不那么专一一些，但对每一种可能性它都不回避、不拒绝。"因此，洪堡甚至认为："如果构成听众的学生不自愿地聚集起来，教师就会不得不在追求知识的过程中把他们寻找出来。"[23]我觉得洪堡和纽曼的观点都有道理。对于研究型大学中的大部分教师来说，我们要有意识地通过教学与科研的结合，来克服师生各自弱点；对我们作为研究者的个性来说，则要有更加全面的和自觉的修养；尤其是，我们要把促进学生的全面发展作为我们的首要责任。

除了人格健全、全面发展这层意思以外，我还想对"Universal"或"广博"做另一种理解，那就是尊重普遍真理和普遍价值的习惯。我们确实要重视继承和发扬本土的文化传统，要形成和优化本土的学术传统，要为本土的社会和文化事业服务等等，但我们所追求的知识和价值，从根本上来说是超越特殊语境的。普遍的真理和价值确实要在特殊的语境下加以诠释和应用，所以我们不赞成抽象的普遍主义，但不能因此就倒向"此亦一是非，彼亦一是非"的相对主义，甚至虚无主义。大学教育的重要任务，是追求经得起来自任何方面质疑的真理和价值，是养成"有理走遍天下，无理寸步难行"的理性精神。美国社会学家默顿认为，现代科学的精神气质由四方面要素所构成，第一是普遍主义（universalism），也就是认为学术研究面前人人平等；第二是公有主义（communism），也就是认为学术成果是社会的共同财富；第三是无关功利的态度（disinterestedness），也就是学术研究不受个人或团体的利益影响；第四是有条理的怀疑主义（organized skepticism），也就是对任何意见都要用科学方法做批判性的审视。[24] 培育这种意义上的"科学气质"，应该也是孟宪承所说的"品性的陶镕"的重要内容。

四

最后我们来讲 E，我想用三个以"E"开头的单词，Excellence，Equity 和 Elegance，来对第三个 C，Community，也就是"民族和社会的发展"，进行说明。

第一个 E，Excellence，表示的是"Community"的第一个价值，那就是"卓越"。"追求卓越"是我们称为"大学"的这个 community 的一个根本特征。这是大学与其他人群或共同体相比的一个重要特点。我们承认社会上是有各种人群的；如果把"追求卓越"，特别是追求知识上的卓越，也作为整个社会上的价值，我觉得是不太现实的。但对于大学来说，追求卓越是其根本使命。这个意思在我们前面引用过孟宪承《大学教育》开篇的那段话中，就表达得非常清楚："在人类运用他的智慧于真善美的探求上，在以这探求所获来谋文化和社会的向上发展"，大学"代表了人们最高的努力了"。[25] 对我们每一个人来说，进了大学，尤其是进了研究型大学，追求卓越就不仅是一种权利，而且是一种义务。从教学上说，我们招收的学生比"一本线"高出不少；从科研上说，我们的学科排名通常是在全国领先的。为了达到目前这样的教学科研水平，我们的前辈做出了艰苦的努力；我们的任务是不仅要维持目前水平，而且要尽力攀登得更高。我们能够进入华东师大表明我们具备了一定条件，这种条件可以是个人的条件，也可以是家庭给我们提供的条件，常常是社会提供的条件。所有这些条件中，最具有个体性的是我们的智商。但我这里想强调的是，不仅让我们走进华东师大的社会条件是公共资源，我们个人所拥有的相应智商从某种意义上说也是一种公共资源，因为在一个人群中有多少人的IQ是超过多少值的，这是一个客观的事实，是一个具有相当稳定性的事实。而我们这些有幸进入这所"985"高校的人们，碰巧落在了人群中IQ量值分布中一个比较高的区间当中。重要的是，我们的IQ并不是我们通过努力才得到的，我们是碰巧占有了这份资源的，如果我们没有很好地利用这份资源，我们所属的那个人群当中的一份宝贵的智力资源，就被白白浪费了。这不仅是个人的损失，也是群体的损失，甚至是人类的损失——人类的整个进步，就是依赖于资质较高的人们做出相应的贡献才有可能的。我们肩负的责任可以从不同角度来理解，我希望大家也能从这个角度来加深理解。

第二个E，Equity，表示的是"Community"的第三个价值，即

"公平"。公平正义是全社会的根本价值，而教育是实现公平的最重要条件。因为你哪怕把所有的权利都交给我，我若没有相应的能力去享受或行使这些权利，这些权利对我来说还只是一句空话；与那些有能力来享受和行使这些权利的人们相比，我仍然是低人一等的。教育的意义就在于它让我们具有享受权利——当然也是履行与之对应的义务——的能力，它是把形式平等与实质平等连接起来的关键纽带。教育对于公平是重要的，教育本身的公平也是重要的。我记得哈佛大学的福斯特校长在 2011 年的毕业典礼上说百分之六十以上的哈佛本科生今年得到资助，他们的家庭只需用 11500 美元支付学费和住宿费，今年 20% 的新生来自年收入 6 万美元以下的家庭。然后她说，让家境不好的优秀孩子上得了哈佛，恰恰是哈佛追求 excellence 的关键措施。我看这个讲演的视频时做了笔记，因为我觉得这里头体现的公平和卓越之间的关系，特别值得关注。我们学校在支持一个 2011 协同创新中心平台建设，它的主题是教育公平，我们希望通过理论研究、决策咨询、实践探索和能力培训等多方面的努力，来推进国家乃至世界的教育公平事业。但这只是华东师大追求"公平"这个价值的一种形式；我们这个特定 community 要为更大的 community 的公平做贡献，我们自己就应该是一个体现公平价值的共同体。与许多别的"985"高校相比，我们学校来自老少边穷地区的同学数量不少，昨天我接受采访，就是关于我们的少数民族学生培养方面所做的工作。我们华东师大毕业生留在祖国最需要的地方继续工作的比例，也比北大、清华、复旦、交大高得多。所以，我们努力让所有同学都得到优质的教育，让他们在毕业后都有能力为整个国家的均衡发展做出贡献，就体现了我们对 Equity 或公平的价值追求。而且，我们希望不仅在教学科研上体现公平，在管理上也要体现公平，使得制度的制定和执行更好地体现公平价值。

最后一个 E，Elegance，表示的是我们所要建设的"Community"的第三个价值，即"优雅"。华东师大的师生校友在赞扬自己学校的时候，用得比较多的一个词就是优雅。我曾经在一篇文章里写过，孟宪承所说"含孕着人们关于文化和社会的最高的理想"的那种现代大学理想，本来就应该使高等学府成为天下最优雅之处。[26] 关于这种优雅，我前面提到的 19 世纪英国著名学者亨利·纽曼的下面这段话，应该是一种很好的解释："在那个地方，教授们口若悬河，传道解惑，以最完整最迷人的方式展示其科学，带着满腔的热情倾泻出知识，在他的听众胸中点燃他自己对知识的挚爱。……在这个地方，年轻人因为它的名声而为之倾倒，中年人因为它的美而心中点燃激情，老年人因为它引起的联想而加固忠诚。这是一个智慧之地，世界之光，信念的牧师，新生代的母校。"[27] 在这样的学府中，人们从四面八方赶来相聚，不仅是为了追求利益来的，而且是为了分享情感来的，更是为追求共同的价值来的。这种共同体，不仅是追求卓越的，而且是追求公平的；可以说，没有公平的卓越可能是狂野的、粗鲁的，而没有卓越的公平，则可能是平庸的，乏味的。能够把卓越和公平结合起来的学府，才是"优雅学府"。

同事们，朋友们，以上就是我对 ECNU 的解释，对 WHY ECNU 的回答。ECNU 当然是华东师大的简称，但大家已经看到了，ECNU 是和现代大学的最美好的教育理想连在一起了。我希望与在座年轻同事们共勉，一起来认同"3E"（Excellence，Equity，Elegance）的集体目标，营造既卓越又公平的优雅学府；追求"3C"（Creativity，Character，Community）的大学理想，在创获智慧和陶镕品性的基础上推动民族和社会的发展；坚持"3N"（Normative，Novelty，Networking）的实践努力，在遵守规范与敢于创新的同时积极参与学术交流，从而实现"3U"（Upward，Upright，Universal）的个人价值，成就一个进取、正直和全面发展的精彩人生。

大家是否注意到，在上面我除了用 3N、3U 和 3E 分别表达 3C 以外，在这四组概念当中，每组的三个概念都有点"正—反—合"的味道，也就是说，前两项往往是具有内在张力的，像是"正题"和"反题"，如公平和卓越，规范和创新，正直和进取，它们彼此不同，又缺一不可——一方之缺非但是某方之"不及"，而且是另一方面之"过"，所以需要有一个"合题"来克服这种片面性。前面我们说了，只有既公平又卓越才是真正的优雅；同样，只有创获智慧又陶镕品性才符合大学所追求的社会理想，只有既遵守规范又敢于创新才有可能及必要进行学术交往，只有既向上又正直的人才称得上全面发展；等等。

关于上面这些价值，关于这些价值之间的关系，在 2012 年年底召开的我校第十二届党代会的报告中，表达了相应的理解："百余年的文脉传承，一甲子的办学历程，形成了华东师大人独特的精神气质：平常时节自信而低调、进取而从容，关键时刻却挺身而出，义无反顾。"在很大程度上，我们现在可以说就处在一个"关键时刻"，我们与美国纽约大学合办上海纽约大学，我们因此有了一个独特的自我认识角度：ECNU 和 NYU 在各自国家排名差不多，都是 20 出头，但在大学的国际排名中，NYU 已经进入了 40 以内，我们还在 400 以外。在中国经济已经逼近美国的今天，我们与纽约大学的这种差距，对我们来说是一个巨大的尴尬。当然，对排名我们要有正确理解：并不是说我们非要达到某个名次，我们才可以心满意足；关键是，我们是否有不断追求卓越的精神，是否有不断有所进步的行动。我们和纽约大学相比，与交大、复旦、北大、清华等国内兄弟高校相比，不要说在最近的哪一天，就是在遥远的某一天，都未必能在综合实力的比较上超过它们。但这并不意味着我们不能成为比这些学校更好的大学。"真正意义上的好大学，是不断变得更好的大学。"

我就讲到这里。谢谢大家！

注 释

[1] 孟宪承:《大学教育》,《孟宪承文集》第 3 卷,华东师范大学出版社 2010 年版,第 1 页。

[2] 同上书,第 1—3 页。

[3] 同上书,第 5—7 页。

[4] 同上书,第 3 页。

[5] Wilhelm von Humboldt: "Univesität und Akademie", in Wilhelm von Humboldt: *Das Grosse Lesebuch*, Herausgegeben von Jürgen Trabant, Fischer Taschenbuch Verlag, Frankfurt am Main, März 2010, S.359.

[6] 蔡元培:《就任北京大学校长之演说》(1917 年 1 月 9 日),《蔡元培全集》第 3 卷,高平叔编,中华书局 1984 年版,第 5 页。

[7] 蔡元培:《中国现代大学观念及教育去向》(1925 年 4 月 3 日),《蔡元培全集》第 5 卷,中华书局 1988 年版,第 8 页。

[8]《大学教育》,《孟宪承文集》第 3 卷,第 4 页。

[9] 同上书,第 3 页。

[10] 同上书,第 3 页。

[11] 同上书,第 4 页。

[12] 梅贻琦:《大学一解》,《清华学报》1941 年 4 月。

[13] 孟宪承引用美国教育家迈克尔约翰(Alexander Meiklejohn)的话:"智慧的力量,只能由锻炼得来。但怎样锻炼学生的智慧呢?换句话说,怎样引发、刺激和解放他们的智慧,使其能够自发、自动呢?这自然要试用许多方法,而这些方法,以我看来,都可包含于组成一个学习的社会(a learning community)这概念之内。"孟宪承:《大学教育》,《孟宪承文集》第 3 卷,第 23 页。

[14] 同上书,第 4 页。

[15] 同上书,第 4 页。

[16] 同上书,第 24 页。

[17] 参见梅贻琦 1931 年 12 月 3 日就任清华大学校长的演说。

[18]《大学教育》,《孟宪承文集》第 3 卷,第 7 页。

[19] John Dewey: *Democracy and Education: An Introduction to the Philosophy of Education*, The Macmillan Company, 1930, New York, p. 62.

[20][美]阿尔伯特·爱因斯坦:《悼念玛丽·居里》,《爱因斯坦文集》第 1

卷，许良英、范岱年编译，商务印书馆 1976 年版，第 339 页。

［21］见 http://news.xinhuanet.com/local/2015-09/18/c_128241452.htm。

［22］John Newman：*Discourses on the Scope and Nature of University Education*，E-Texts for Victorianists E-text Editor：Alfred J. Drake，Ph.D. Electronic Version 1.0 / Date 12-20-01，on the basis of the Text published in Dublin：James Duffy，7 Wellington Quay，1852，p. xiii.

［23］W. v. Humboldt：*Das Grosse Lesebuch*，S.359.

［24］［美］R. K. 默顿：《科学社会学》，鲁旭东、林聚任译，商务印书馆 2003 年版，第 363—376 页。

［25］《大学教育》，《孟宪承文集》第 3 卷，第 1 页。

［26］童世骏：《大学的精神使命——在优雅学府中培育人才》，《光明日报》2013 年 3 月 25 日。

［27］John Henry Newman："The Idea of A University"（1854），网址：http://www.fordham.edu/halsall/mod/ newman/newman-university.html。

图书在版编目(CIP)数据

当代中国的精神挑战:童世骏讲演录/童世骏著.
—上海:上海人民出版社,2017
ISBN 978-7-208-14418-7

Ⅰ.①当…　Ⅱ.①童…　Ⅲ.①哲学-文集　Ⅳ.
①B-53

中国版本图书馆 CIP 数据核字(2017)第 074955 号

责任编辑　罗　俊
封面装帧　夏　芳

当代中国的精神挑战

——童世骏讲演录

童世骏　著

世 纪 出 版 集 团

上海人民出版社出版

(200001　上海福建中路 193 号　www.ewen.co)

世纪出版集团发行中心发行　　常熟市新骅印刷有限公司印刷
开本 720×1000　1/16　印张 19　字数 178,000
2017 年 7 月第 1 版　2017 年 7 月第 1 次印刷
ISBN 978-7-208-14418-7/B·1263

定价 58.00 元